SEJA SINGULAR!

JACOB PETRY &
VALDIR R. BÜNDCHEN

SEJA SINGULAR!

AS INCRÍVEIS VANTAGENS DE SER DIFERENTE

FARO
Editorial

Diretor editorial PEDRO ALMEIDA

Preparação TUCA FARIA

Revisão BARBARA PARENTE

Capa e projeto gráfico OSMANE GARCIA FILHO

Foto da capa ALEX HYDE | NPL | MINDEN PICTURES

Dados Internacionais de Catalogação na Publicação (CIP)
(Câmara Brasileira do Livro, SP, Brasil)

Petry, Jacob
    Seja singular : as vantagens de ser diferente /
Jacob Petry, Valdir R. Bündchen. — 1. ed. — São Paulo :
Faro Editorial, 2018.

    ISBN 978-85-9581-044-0

    1. Estratégia (Psicologia) 2. Inteligência 3. Pensamentos
4. Percepção 5. Singularidades 6. Sucesso nos negócios
I. Bündchen, Valdir R. II. Título.

18-18427   CDD-158.1

Índice para catálogo sistemático:
1. Sucesso : Psicologia aplicada 158.1

Maria Paula C. Riyuzo – Bibliotecária – CRB-8/7639

FARO EDITORIAL

1ª edição brasileira: 2018
Direitos de edição em língua portuguesa, para o Brasil,
adquiridos por FARO EDITORIAL

Avenida Andrômeda, 885 - Sala 310
Alphaville – Barueri – SP – Brasil
CEP: 06473-000
www.faroeditorial.com.br

Dedicamos este livro a você, leitor,
por ser uma obra singular do Universo

SINGULAR – Incomparável, ímpar, sem-par, um, uno, único, individual, distinto, notável, espantoso, extraordinário, original.

SUMÁRIO

PREFÁCIO

Um dia, sentei com o Valdir e praticamente obriguei-o a escrever este livro. Queria que mais pessoas tivessem o privilégio de ter acesso a essa fonte de sabedoria da qual eu estava me beneficiando há quase duas décadas. Ao longo desse período, através de incontáveis horas de discussão, análise e debate, passei por um processo de orientação e acompanhamento profissional que mudou radicalmente meu modo de pensar e, por consequência, os resultados práticos que obtive na vida.

Costumamos chamar esse tipo de acompanhamento de vários nomes. Para mim, entretanto, a palavra certa é mentor. Conheci o Valdir em 1994, logo após ter saído do ensino médio. Foi também, nessa época, que o scouter Dilson Stein descobriu o talento e a genialidade de Gisele Bündchen, filha do Valdir. Depois disso, nunca mais deixamos de nos falar. E, ao longo desses anos, através do Valdir, também pude acompanhar o passo a passo do desenvolvimento da carreira dela. E colhendo informações daqui e dali, fui moldando um novo caráter, crescendo a cada passo do processo. E contra todas as expectativas, os exemplos, lições e orientações que tive, me transformaram de um menino pobre do interior, num autor e pesquisador reconhecido em várias partes do mundo.

Quando insisti com o Valdir para escrever esse livro, meu desejo era fazer com que outros indivíduos, pessoas simples como eu, tivessem a oportunidade de aprender e usar esses princípios e criar uma vida melhor para si e para as pessoas a sua volta. Mas, mais que isso, ansiava por poder sintetizar e ordenar esse poderoso processo, e deixa-lo como legado para todos que desejam um guia para explorar o melhor de si e coloca-lo a serviço do universo.

Depois de enfim conseguir o sim do Valdir, ao longo de três anos, primeiro delineamos o que seria a parte teórica e prática desse livro. Dividimos o conteúdo em três partes — a mentalidade (o modo de pensar), a inteligência prática (o que nos faz agir) e as vantagens ocultas (o papel do ambiente). Em seguida, enquanto eu elaborava os textos, Valdir lia, revisava e me direcionava quanto à estrutura e ordem do conteúdo. Por isso, para os que tem curiosidade sobre como se escreve um livro à dois, acredito que é justo dizer que a narrativa é minha, mas o conteúdo e os conceitos práticos apresentados em cada capítulo, em grande parte, são do Valdir.

Espero, sinceramente, que você leitor, consiga tirar dos princípios abordados nesse livro os mesmos benefícios que eu consegui. Para isso, não apenas leia o livro. Adote-o como um mapa para sua vida, e percorra todos os caminhos que traçamos nele. Se você fizer isso, garanto, que em pouco tempo, estará apto a criar o estilo de vida que desejar.

JACOB PETRY
LOGAN, UTAH
PRIMAVERA DE 2018

O PARADOXO DE FITZGERALD

"Nenhum problema pode ser resolvido pelo mesmo estado de consciência que o criou."

ALBERT EINSTEIN
FÍSICO

1.

Na década de 1990, a Blockbuster dominava o mercado de videolocadoras nos Estados Unidos. Fundada em 1985, a empresa se expandiu rapidamente pelo mundo. Em pouco mais de uma década, estabeleceu quatro mil lojas no território americano e cerca de 2.500 nos demais 17 países onde iniciou as operações. Em tempo recorde, passou a ser considerada a maior rede de locadoras de filmes e jogos de videogames do planeta.

Seu sucesso parecia não ter limites. Uma estratégia agressiva de mercado oferecia uma ampla variedade de filmes e jogos exclusivos. Seu forte sistema de parceria com produtoras e distribuidoras de filmes fazia com que o cliente encontrasse qualquer lançamento várias semanas antes que nas concorrentes.

Essa exclusividade, porém, tinha um custo elevado. Por isso, exigia uma dinâmica intensa no sistema de locação de filmes. Para manter essa dinâmica, o cliente precisava alugar o filme e devolvê-lo o mais rápido possível à locadora. Para que, assim, ela pudesse colocá-lo à disposição de outro cliente outra vez. E como viabilizar essa dinâmica? A estratégia encontrada pela Blockbuster era locar os lançamentos por apenas 24 horas, e cobrar multas elevadas pelo atraso na devolução. Para se ter uma ideia, apenas 30% dos lucros da empresa eram provenientes das taxas de aluguel. Os outros 70% vinham das multas pagas pelos clientes que não devolviam suas locações dentro do prazo.

Em 1996, Reed Hastings, um empreendedor da Califórnia, alugou o filme *Apollo 13* numa loja local da Blockbuster. Assistiu-o à noite e, pela manhã, saiu cedo para uma viagem de negócios. Ficaria fora de casa por pelo menos dois dias. Durante a viagem, lembrou que havia se esquecido de devolver o filme. Mas já não havia como retornar para devolvê-lo.

Quando finalmente entregou-o para a locadora, alguns dias depois, teve que pagar 40 dólares de multa. Considerou o valor abusivo. E a partir daquele momento, uma aguda curiosidade o perturbava: será que não haveria um modo de tirar proveito dessa situação? Será que não haveria um sistema mais eficaz, justo e, ao mesmo tempo, lucrativo para locar filmes e jogos? Conta-se que Hastings estava a caminho da academia quando refletia sobre essas questões. E foi quase inevitável não comparar os dois sistemas. O da academia, concluiu, era muito melhor. Ele pagava uma taxa mensal e podia usar todos os equipamentos quando e pelo tempo que quisesse. E de súbito, teve uma ideia. E viu que, talvez, ali, nessa ideia, estaria o futuro.

2.

Não muito tempo atrás, dois psicólogos, Daniel Simons, da Universidade de Illinois, e Christopher Chabris, da Universidade de

Harvard, realizaram uma experiência que de imediato se tornou conhecida no mundo inteiro.

Eles gravaram um vídeo de trinta segundos no saguão de um dos prédios da universidade. No vídeo, aparecem seis estudantes, divididos em dois grupos. Um deles vestia camisetas brancas e o outro, pretas. Cada grupo tinha uma bola de basquete que passavam, ao mesmo tempo, de um colega para o outro. O espaço no saguão era relativamente pequeno, e os estudantes estavam bem próximos um do outro.

Durante a gravação, em certo momento, uma pessoa fantasiada de gorila entra na cena. O personagem passeia por entre os jogadores, para no meio deles, olha para a câmera, bate com as duas mãos no peito e sai. A presença dele dura cerca de nove segundos. Quase um terço da duração completa do vídeo.

Na segunda etapa da experiência, Simons e Chabris mostraram o vídeo para vários grupos de alunos, atribuindo-lhes uma missão específica: contar o número de passes feitos pelos estudantes de camiseta branca. Em nenhum momento, eles citaram a presença do gorila. Apenas pediram aos alunos para contarem quantos passes o time de camiseta branca fazia entre eles ao longo da gravação.

Quando os alunos haviam concluído a contagem, os pesquisadores perguntaram quem havia visto um gorila atravessar a cena. O resultado parece inacreditável: 56% dos estudantes não tinham visto a pessoa fantasiada.

3.

Reed Hastings discutiu sua ideia com um amigo. Frequentemente, os dois iam juntos para o trabalho. Durante as viagens, esboçaram um plano e criaram algumas estratégias para colocá-lo em prática. E depois de um período de testes, em 1997, a ideia oficialmente tornou-se uma empresa. Ela oferecia um conceito novo de aluguel de filmes e jogos.

Em vez de ir a um estabelecimento, o cliente acessava o site da empresa, fazia um cadastro e, depois de pagar uma taxa fixa mensal, estava pronto para escolher os DVDs de sua preferência. Em um ou no máximo dois dias, recebia-os em sua casa. Havia diferentes opções de planos, que variavam de acordo com o número de filmes que o cliente desejava solicitar por vez. Não havia prazo para devolução nem multas por atraso. Mas enquanto a locadora não recebia a devolução da última locação, você não podia solicitar mais filmes. A empresa se chamava Netflix.

A Netflix se espalhou rapidamente pelo país. Mas, em momento algum, chegou a preocupar a poderosa Blockbuster. Ela havia construído um império de bilhões de dólares. Havia adquirido suas principais rivais em poucos anos e, acima de tudo, continuava avançando, abrindo novas lojas e ampliando suas fronteiras pelo mundo. Não havia razões aparentes para mudar seu conceito de negócio por causa de uma iniciante. Ou havia?

Em 2002, acumulando prejuízos anuais, Hastings e seu sócio elaboraram uma proposta e ofereceram a Netflix para a Blockbuster. Transformariam as duas empresas numa só. A Netflix seria um segmento da Blockbuster, que cuidaria das locações *on-line*. Mas a gigante torceu o nariz para a oferta. Dois anos depois, a Netflix havia criado fôlego. Seu crescimento aumentou de forma extraordinária. Em 2003, faturou 272 milhões de dólares. Em 2005, despachava um milhão de DVDs por dia. E os lucros começaram a aparecer. Nesse momento, especialistas suspeitaram de que a Netflix poderia, sim, ameaçar o império criado pela Blockbuster.

Mesmo assim, após analisar com cuidado o nicho que estava sendo criado pela concorrente, os diretores da Blockbuster concluíram que não havia motivos reais para ver a Netflix como uma ameaça. A conclusão foi de que a gigante abrangia vários nichos, enquanto a Netflix investia cada vez mais em um mercado específico: a locação de filmes pela internet.

A Blockbuster continuou focada em sua estratégia inicial. Apenas quando a Netflix já era um sucesso consolidado, ela decidiu levar a concorrência a sério. No mesmo ano, iniciou um sistema de aluguel de filmes e jogos *on-line*. Lentamente, também passou a se mover para o sistema de distribuição digital. Mas já era tarde demais. A Netflix já havia criado o *momentum*, e nada parecia poder impedi-la de avançar cada vez mais.

Em 2010, a Netflix fechou o ano com cerca de 24 milhões de assinantes e uma receita anual de 3,2 bilhões de dólares. No mesmo ano, a Blockbuster foi forçada a uma estratégia bem menos gloriosa: fechar grande parte das suas lojas. Os primeiros meses de 2011, porém, seriam ainda mais devastadores. Primeiro, ela decretou falência. Depois, sem alternativas de recuperação, foi comprada, em leilão, pela Dish Network e teve suas atividades encerradas em 2013.

4.

A experiência com o gorila invisível mostra como muitas vezes coisas óbvias e evidentes fogem da nossa percepção. E a história da Blockbuster mostra as consequências desastrosas que isso pode ter na vida e nos negócios. Quando nos focamos num ponto, temos a tendência de ignorar tudo à nossa volta. Em função disso, não apenas deixamos de perceber os problemas que nos ameaçam, como também ignoramos grandes oportunidades de crescimento.

Em termos gerais, esses exemplos nos ensinam duas coisas muito importantes. Por um lado, você precisa ter bases sólidas. Manter o olhar fixo no seu propósito e assumir uma postura firme diante da vida. Mas, por outro, não pode permitir que isso o cegue para os movimentos que acontecem ao seu redor.

Isso pode parecer uma tarefa fácil. Mas não é. No caso da maioria dos estudantes que assistiu ao vídeo da experiência com o gorila, por exemplo, isso não funcionou. Ao se focar na tarefa de contar os passes dos jogadores com camisetas brancas, eles não foram capazes de perceber um gorila no saguão. O mesmo aconteceu com a Blockbuster. Ao se focar numa estratégia fixa que estava dando certo, ela foi incapaz de perceber as mudanças que aconteciam à sua volta. Em outras palavras, a ideia de que a empresa estava segura, que nasceu das conquistas passadas, impediu-a de ver o perigo que ameaçava o seu futuro.

O autor americano F. Scott Fitzgerald, considerado um dos maiores escritores do século XX, disse, certa vez, que "o teste de uma inteligência diferenciada é a capacidade de manter duas ideias opostas em mente ao mesmo tempo, e ainda manter a capacidade de raciocinar". O que isso quer dizer? Que você possui um modo de pensar já estabelecido, que produz seus resultados. E se quiser mudar esses resultados, precisa desenvolver a habilidade de questionar seu modo de pensar.

Esse paradoxo, muitas vezes, pode parecer um tanto complexo. É como estar atolado num poço de areia movediça, e ter que sair dele para poder socorrer a si próprio. Em outras palavras, você está imerso num modo de pensar, e precisa usar o próprio pensamento para sair desse modo de pensar. E essa é a razão pela qual as pessoas raramente mudam.

Olhe a sua volta. Observe a vida dos seus pais, tios, irmãos, primos ou antigos colegas de escola. Faça uma retrospectiva dos últimos cinco ou dez anos. Como era o estilo de vida dessas pessoas? E como ele é hoje? Houve mudanças consideráveis? Alguém, por exemplo, morava num apartamento de dois quartos e hoje vive numa mansão com dezenas de cômodos e piscina térmica? Algum deles dirigia um carro popular e hoje é dono de uma Ferrari?

Esse tipo de transformação, embora desejada pela maioria, é algo muito raro de acontecer na realidade. E qual é a razão disso? Como já dissemos, nossos resultados são criados pelo nosso modo de pensar. E se quisermos mudá-los, precisamos sair desse modo mental que os criou. E isso, quase sempre, é um processo complexo. Por quê? Porque você precisa aprender a pensar sobre aquilo que você pensa. Em outras palavras, é preciso quebrar o hábito de ser quem você é.

É claro que não estamos dizendo que você não precisa de um foco específico em sua vida. Isso é inquestionável. O que estamos afirmando é que você precisa, obrigatoriamente, ter um foco, mas que não pode permitir que esse foco crie uma cegueira em relação ao contexto à sua volta.

5.

Este é um livro sobre o poder da singularidade. Mas também sobre o impacto que o nosso modo de pensar tem sobre nós. Sobre como ele molda a maneira como sentimos, experimentamos e percebemos o mundo e as coisas a nossa volta. E mais: sobre as consequências que isso tem sobre nossa vida.

Este livro é dividido em três partes. A primeira parte, "A Teoria da Mentalidade", examina nosso modo de pensar, como ele se forma, funciona e o impacto que ele produz na nossa vida.

A segunda parte, "Inteligência Prática", mostra como mudar seu modo de pensar. Vamos lhe entregar um passo a passo científico, mas simples e prático, para eliminar condicionamentos passados, pensamentos limitantes e feridas emocionais que impedem o seu crescimento atual. Nela, também vamos explorar Os Quatro Modelos de Mentalidade usados para superar adversidades, criar oportunidades, experiências significativas e prosperidade em sua vida.

Por fim, a parte III, "Vantagens Ocultas", examina as raízes do sucesso, mostrando como pensam pessoas com desempenhos extraordinários. O que os motiva e como elas superam as adversidades do caminho.

Todos os capítulos têm como base um argumento central: tanto a ideia de quem somos quanto os resultados que obtemos é definido pela mentalidade que cultivamos. E para mudar a ideia de quem somos, ou os resultados que obtemos, precisamos mudar a própria mentalidade.

Para compreender esses dois conceitos, vamos analisar dezenas de histórias reais de pessoas comuns que construíram fortunas. Vamos examinar como elas pensam e agem, que tipos de mentalidade criam para si mesmas e como essa forma de pensar os diferencia das massas. Também vamos explorar as diferentes maneiras de como a família, a escola, os amigos e as pessoas que nos cercam impactam em quem nos tornamos. E quais lições podemos tirar disso.

Você vai descobrir o segredo que fez com que astros como Justin Bieber e Jay-Z rompessem uma infância pobre para se tornarem sucessos no mundo inteiro. Através do exemplo deles, mostraremos que, para melhorar a sua vida, você não precisa deixar de ser quem você é; só precisa adotar um conjunto de princípios que mudarão a finalidade das suas ações, e vamos mostrar como isso poderá ser feito.

Vamos ver como Steve Jobs chegou até a ideia do iPod, uma das invenções mais lucrativas dos últimos tempos. E examinar como, usando os mesmos princípios, você pode tornar-se uma pessoa extremamente ousada e criativa. Vamos explorar também como a Swatch, uma poderosa marca de relógios suíços, ameaçada pela invasão do relógio digital japonês no final da década de 1970, deu a volta por cima e se tornou ainda mais poderosa. Analisando essas estratégias, vamos apresentar uma fórmula para criar esse tipo de mudança em sua vida, nas áreas em que você achar necessário.

Veremos o que faz com que empresas como a Starbucks, que cobra até cinco dólares por um copo de café, se mantenham no mercado, e que tipo de estratégia é usada para motivar os funcionários e atrair cada dia mais clientes. E entender os princípios que causam a motivação, que você pode utilizar para perseguir os sonhos que quiser.

E enquanto estivermos examinando a vida, as atitudes, a personalidade e as conquistas dessas pessoas, não iremos, necessariamente, lhe prescrever uma fórmula exata e mágica para o enriquecimento fácil. Em vez disso, vamos lhe ensinar como pensar — sobre si mesmo e o mundo a sua volta — para que você possa entender as decisões essenciais que o levarão a uma vida muito melhor.

PARTE I

A TEORIA DA MENTALIDADE

Por que seu modo de pensar é mais importante que sua inteligência, seu talento e suas oportunidades?

CAPÍTULO 1

O RESTO DO MUNDO NAS COSTAS

Para mim, nossa sociedade caiu em um sistema piramidal, segundo o qual certas pessoas estão relegadas à base da pirâmide e outras se sentem no direito de estar em seu topo."

ICE CUBE
ATOR E RAPPER

1.

Sara Blakely teve a grande ideia de sua vida por puro acaso. Na época, nada nela a distinguia das demais pessoas — era uma moça comum, que suava para pagar as contas. E então, certa noite, num estalo, uma ideia apareceu — e fez dela uma das empresárias mais bem-sucedidas dos Estados Unidos.

Oprah Winfrey, a todo-poderosa apresentadora de TV norte-americana, referiu-se à ideia de Sara como um movimento que revolucionou a vida das mulheres. Lewis Howes, escritor e apresentador de um *talk show*, chamou-a de lenda viva. A revista *Forbes* refere-se a ela como uma das poucas mulheres bilionárias da história que conseguiram construir uma fortuna do zero.

Tudo começou em 1998. Sara queria sair para uma balada, e optou por usar uma calça branca justa. Mas havia um problema: todas as lingeries que ela experimentou marcavam o tecido. Após inúmeras tentativas frustradas, Sara resolveu substituir a lingerie por uma meia-calça. Deu certo. Além de não marcar, a meia-calça tinha um reforço na barriga que escondia imperfeições e deixou a silhueta perfeita. Mas na hora de calçar o sapato, Sara se deu conta de outro problema. Ela queria usar calçados abertos, e a ponta da meia cobrindo os dedos estragava tudo.

Após pensar um pouco, ocorreu-lhe que passar a tesoura na meia-calça, recortando a parte que cobria os pés, poderia funcionar. E funcionou, naquele momento. Mas durante toda a festa, a meia-calça se enrolava e subia pelas pernas. E aquele incômodo a deixou intrigada: como ninguém ainda inventara uma meia-calça sem ponta nos pés?!

Sete meses depois daquela noite, Sara deu início a uma pequena produção de meias-calças modeladoras feitas de náilon e lycra em seu próprio apartamento. Ao longo desse período, ela estudara e pesquisara todos os tipos de lingeries existentes no mercado, garimpara bons tecidos e desenvolvera um produto que escondia imperfeições do corpo, criando silhuetas perfeitas, mas que, ao mesmo tempo, era confortável e prático.

Em 2000, depois de encontrar um produtor que fabricasse suas meias-calças em grande escala, Sara oficialmente fundou sua empresa, a Spanx. E assim ela deu início à produção de roupas íntimas modeladoras que revolucionariam o mercado e a tornariam bilionária.

2.

Numa noite fria de outubro de 2012, uma semana após o furacão Sandy ter deixado grande parte de Nova York e muitas outras cidades sem energia elétrica, tive um encontro com um amigo, diretor executivo de uma companhia americana que vinha expandindo sua atuação no Brasil. Falamos sobre negócios, empresas e pessoas do mundo corporativo. Um tanto melancólico com a destruição que vira naquela semana, perguntei ao diretor: "Na sua opinião, o que separa as pessoas que criam um impacto no mundo das demais?".

Nós caminhávamos pela Quinta Avenida. Eu olhava para a cidade vazia e escura, com os prédios altos contrastando com o céu intenso e estrelado — algo raro de se ver naquela parte da cidade. Meu amigo, olhando para o mesmo cenário, demorou um pouco para responder. "É a inteligência. Não tenho dúvida disso", ele afirmou, de supetão. Em seguida, fez outra pausa e concluiu: "Se você analisar a situação friamente, verá que há uma minoria de privilegiados, com uma inteligência superior, que carrega o resto do mundo nas costas".

Pessoas com inteligência diferenciada?

Sério?

Naquele momento, fiquei surpreso com a resposta do meu amigo. Mas depois, pensando sobre o assunto, percebi que essa noção não é estranha a nenhum de nós. Se pensarmos sobre o que impulsiona o sucesso de indivíduos como Sara Blakely, por exemplo, ou se sairmos por aí conversando com as pessoas a respeito, não será difícil concluirmos que, quando se trata de sucesso, a ideia da inteligência superior predomina na mente de quase todos.

Digamos que lhe pedíssemos para vasculhar suas convicções mais profundas em busca do motivo pelo qual a maioria das pessoas não tem o estilo de vida que gostaria de ter. O que você iria encontrar? É bem provável que descobrisse fortes indícios de que grande parte das frustrações, das derrotas, dos medos e até mesmo a falta de ousadia nascem de um secreto sentimento de incapacidade. E de onde vem esse sentimento? Da ideia de que nos falta inteligência.

Não importa o quanto tentemos esconder ou disfarçar — no íntimo, todos nós vivemos sob o temor de não termos a inteligência necessária para fazer parte dessa minoria que carrega o mundo nas costas. E essa concepção, de certa forma, confirma que acreditamos nessa ideia. E se ela for verdadeira, se de fato aqueles com uma inteligência superior carregam a grande maioria nas costas, então, podemos dizer que Sara Blakely é um deles. Ou não?

3.

Suponha que a inteligência fosse medida numa escala com índices de 1 a 10, onde 1 seria o nível mais baixo e 10, o mais alto. E se lhe pedíssemos para marcar, na escala a seguir, o índice que você considera estar de acordo com seu nível de inteligência? Que índice você atribuiria a si mesmo?

( ) 1 ( ) 2 ( ) 3 ( ) 4
( ) 5 ( ) 6 ( ) 7 ( ) 8
( ) 9 ( ) 10

Como ficou? Não é tão difícil adivinhar. Poucos marcam um índice inferior a 6 ou superior a 8. Então, se você é como a maioria, possivelmente marcou o número 6 ou 7. Mas, para nosso propósito aqui, o índice em si não importa muito. Ele não é o objeto da nossa reflexão. Nossa intenção é outra. Queremos que você pense sobre como esse número lhe ocorreu. Se refletir um pouco, perceberá que ele apareceu sem muito esforço. Você não precisou fazer cálculos, responder a questionários ou resolver um quebra-cabeça para chegar até ele. Na verdade, ele já estava pronto. Saltou à sua mente espontânea e automaticamente.

O que isso nos diz sobre a forma como vemos a inteligência? Que a maioria de nós já possui uma crença estabelecida sobre nosso nível de inteligência. Em algum momento, criamos uma convicção sobre como nos vemos em relação a isso — se somos inteligentes ou não. E o mais interessante é que raramente paramos para pensar a respeito.

Então, o que é a inteligência? Existem duas teorias bastante conhecidas. A mais antiga, e provavelmente a mais aceita, se estrutura sobre a ideia de que se trata de uma capacidade cognitiva inata, geral e única. Entre outras coisas, ela "envolve a habilidade de raciocinar, planejar, resolver problemas, pensar de forma abstrata, compreender ideias complexas, aprender rápido e desenvolver com a experiência". Foi partindo dessa concepção que psicólogos chegaram ao Q. I. (Quociente de Inteligência). Embora bastante questionada, essa ideia está tão arraigada em nós que é relativamente fácil perceber sua influência em qualquer lugar. Se um professor, por exemplo, já lhe disse que você deveria se orgulhar de seu filho porque ele é muito inteligente, estava falando exatamente da perspectiva dessa teoria.

E se ela é tão familiar, vale a pena entender um pouco mais a fundo o que significa.

Suponha que você procurasse um psicólogo para medir o seu Q. I. Que procedimento ele usaria para descobri-lo? É muito provável que o psicólogo aplicasse uma série de testes. Mas, basicamente, avaliaria duas coisas:

1. A quantidade de conhecimento que você possui acumulado na memória.

2. A velocidade com que você consegue assimilar um novo tipo de conhecimento associado à facilidade com que é capaz de criar relações sensatas entre eles.

A partir dessas constatações, ele definiria um número chamado de quociente de inteligência, mais conhecido como Q. I. Assim como na atividade que realizamos há pouco, sua inteligência agora teria um índice. Ele seria considerado o seu Q. I.

De acordo com esse índice, você se classificaria entre uma dessas cinco categorias:

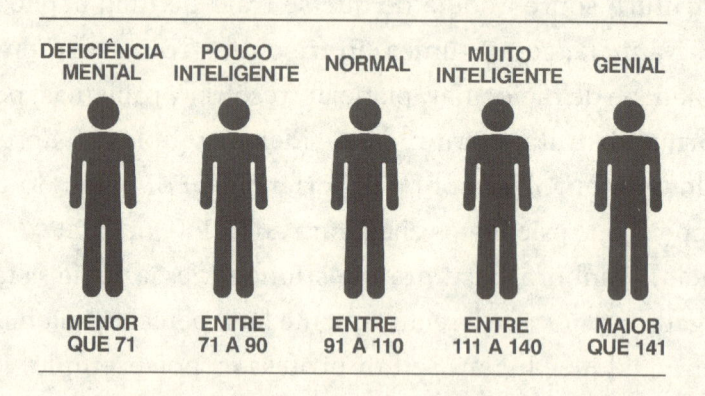

DEFICIÊNCIA MENTAL	POUCO INTELIGENTE	NORMAL	MUITO INTELIGENTE	GENIAL
MENOR QUE 71	ENTRE 71 A 90	ENTRE 91 A 110	ENTRE 111 A 140	MAIOR QUE 141

O que esse tipo de teste nos diz? Que em termos conceituais, a inteligência basicamente se resume a três pontos. O primeiro é a nossa capacidade de usar a razão para fazer associações. O segundo é a nossa habilidade de manter e encontrar material relevante na memória. E por último, a capacidade de ativar a atenção para algo específico quando necessário.

Com o tempo, alguns estudiosos começaram a perceber que o teste de inteligência, na verdade, não conseguia prever muita coisa. Psicólogos e pesquisadores realizaram amplos estudos com crianças de Q. I. elevado esperando prenunciar quem seriam os próximos gênios, mas no final descobriram exatamente o contrário. Experimentos científicos deixaram claro que não havia nenhum indício de que um Q. I. elevado na infância resultaria numa vida com desempenhos extraordinários na fase adulta.

Com essas constatações, o mundo acadêmico se viu diante de uma lacuna escura. O que estava acontecendo? Se o Q. I. não era tão importante para o nosso desempenho na vida, o que então separava dos demais aqueles que deixavam sua marca no mundo? Era um mistério, um enigma que inquietava os estudiosos. Foi dessa inquietação que surgiu a segunda das teorias mais populares sobre a inteligência.

Em 1983, Howard Gardner, um jovem professor de Harvard, publicou um livro chamado *Estruturas da mente*. Nele, Gardner apresentou um conceito que logo se tornou mundialmente conhecido. Era a Teoria das Inteligências Múltiplas.

Em sua teoria, Gardner rejeita a concepção anterior que via a inteligência como uma capacidade inata, geral e única. Em vez disso, ele argumenta que a inteligência não possui uma só dimensão, mas múltiplas. Segundo Gardner, todos nós temos vários tipos de inteligência. Por exemplo, temos uma inteligência linguística, uma musical, uma interpessoal, uma matemática, uma espacial, e assim por diante. E como elas surgem, se desenvolvem e funcionam? No livro, ele explica que essas inteligências são relativamente independentes, e sugere que elas possuem origens e limites genéticos, e que dispõem de processos cognitivos próprios.

No decorrer dos anos seguintes, o mundo se encantou com a Teoria das Inteligências Múltiplas. Ela parecia ser a explicação que ainda não tínhamos sobre o que compreendemos tão pouco: a inteligência. A paixão se tornou tão grande que hoje os pesquisadores parecem não mais estar preocupados com o papel da inteligência nas nossas vidas. Talvez tenham decidido que Gardner resolveu o problema satisfatoriamente. Será?

4.

Sara Blakely é uma mulher franca, alegre, que adora conversar e gosta de contar sua própria história. Ela acredita que traz lições que podem inspirar outras pessoas que estão começando sua jornada.

Nascida em 1971, em Clearwater, na Flórida, seu pai era um advogado bem-sucedido, mas longe de ser rico. Na adolescência, Sara era fascinada por direito, e chegou a acompanhar o pai várias vezes ao tribunal. E se havia algo do qual ela tinha certeza na época era que, quando adulta, seria advogada.

Quando concluiu o ensino médio, Sara tentou entrar na universidade. Queria, óbvio, cursar direito. Mas algo inesperado aconteceu. Ela não foi aceita. "Não consegui ser aprovada no teste. Não somente uma vez, mas duas. Sou péssima em testes", confessa. "Tenho dificuldade para ler e compreender o que estou lendo. Lembro que, quando lia um parágrafo, a única coisa que passava pela minha cabeça era 'lembre-se do que você está lendo', e quando chegava ao final, eu não lembrava mais de nada do que havia lido; então, começava tudo outra vez."

Como não conseguiu ingressar na universidade, Sara foi procurar trabalho na Disney. Ficou ali apenas alguns meses. Depois, muito indecisa quanto ao caminho a seguir, ela foi trabalhar como vendedora. Era um emprego fácil de conseguir — e essa foi a razão que a levou a optar por ele. Mas não era algo confortável de fazer. Sara vendia impressoras e aparelhos de fax, e para isso andava por toda parte, entrando e saindo de escritórios, com uma pasta cheia de catálogos.

Entretanto, ela se cansou disso, pois não via futuro em trabalhar para outras pessoas. Era preciso, Sara pensou, começar seu próprio negócio. "Tenho de encontrar uma ideia, uma ideia boa, criar meu próprio produto e fazer de tudo para colocá-lo no mercado." A última parte, ela imaginou, seria a mais fácil, pois já o fazia com o produto de outra empresa.

Mesmo assim, Sara continuou trabalhando duro. Acreditava de verdade que a ideia iria aparecer. E ficaria atenta. De fato, quando menos esperava, da maneira mais inusitada, ela surgiu. No entanto, mesmo com a ideia em mente, por um tempo ela continuou vendendo fax e impressoras. Fazia isso durante o dia para poder se manter financeiramente. À noite e nos finais de semana, Sara se dedicava ao desenvolvimento de seu próprio produto.

No começo, ela trabalhava praticamente sozinha. Havia alguns amigos e assistentes de confiança que davam uns toques, mas ninguém que assumisse um papel mais sério no projeto. "Meu namorado me ajudou muito na época", lembra, após ponderar um pouco. Porém, Sara não tinha um espaço físico como um escritório, por exemplo. Ela conduzia seu negócio do carro, de quartos de hotel, cafés, aeroportos, onde quer que estivesse. De igual modo, a maior parte das informações que precisava para desenvolver sua ideia — informações que um empresário normalmente pediria a uma equipe de especialistas — ela buscava no Google, nas Páginas Amarelas ou em livros da biblioteca pública.

É lógico que é preciso ter um tipo de mente muitíssimo criativa para transformar uma ideia num produto de sucesso. Mas nem isso Sara parecia ter. Ninguém, em momento algum, chegou ao ponto de dizer que ela pertencia ao grupo de pessoas com "inteligência superior". Ela começou sem vantagem alguma em particular, exceto por um conceito bastante simples que lhe ocorreu certa noite. E mesmo assim, provou aquilo de que muitos duvidam: que é possível ir financeiramente de lugar nenhum para algum lugar fabuloso, sem inteligência superior, de maneira bastante rápida. Como ela conseguiu isso?

5.

Voltemos ao conceito de Q. I. Na seção anterior, vimos que, em termos conceituais, além de ser a capacidade de usar a razão, a inteligência é a habilidade de encontrar e manter material relevante na memória e criar associações. Mas perceba que, no caso de Sara, em nenhum momento ela revela ter se destacado em algo similar a isso. Pelo contrário, ela parecia ter problemas com esse tipo de habilidade. Apesar disso, olhando seus resultados, será que alguém se atreveria a dizer que ela não é uma mulher genial? E como explicamos isso? Será que é mesmo a inteligência superior que distingue os ricos do resto?

Suponha, por exemplo, que seu melhor amigo tenha um Q. I. de 140, mas que em algum momento ele tenha passado a acreditar que não é muito inteligente. Todos conseguem ver sua inteligência, menos ele próprio. Por isso, sofre de um complexo de inferioridade. Pessimista, inseguro e acanhado, ele não usa sua capacidade de raciocinar e não faz nada com a habilidade de reter informação na memória. Ele tem um Q. I. elevado, mas não faz uso dele. Em termos práticos, seu amigo poderia ser considerado uma pessoa inteligente? Acreditamos que a maioria de nós concordaria que não.

Agora, imagine que você tem um Q. I. de 90. Apesar disso, sua atitude é otimista, segura e ousada. Você acredita em si mesmo. As pessoas até duvidam da sua capacidade, mas você segue confiante. Vive num constante estado de espírito positivo. Nada consegue detê-lo. Vai atrás do que deseja. Extrai o máximo da sua inteligência. Em função disso, está numa espiral ascendente. Pouco a pouco, vai acumulando grandes resultados. Com o tempo, obviamente seus resultados serão muito superiores aos do seu amigo que tem um Q. I. de 140.

Você ainda poderia ser considerado uma pessoa com inteligência limitada ou inferior? É difícil dizer que sim.

Aqui, então, chegamos a um ponto crucial na nossa análise. Se um Q. I. alto pode produzir resultados inexpressivos, e um Q. I. médio ou até baixo pode produzir resultados extraordinários, o que concluir sobre as implicações que o nível de inteligência exerce sobre nosso desempenho? No mínimo, podemos dizer que ele apresenta limites claros. Isto é, que ter um Q. I. elevado tem lá a sua importância, mas ele não é um fator determinante para os resultados que obtemos. Afinal, como vimos, existem indivíduos com inteligência extraordinária que vivem vidas medíocres, e existem aqueles com inteligência medíocre que vivem vidas extraordinárias. E isso, de certa forma, coloca em xeque a ideia de que existe um grupo de pessoas com inteligência superior que carrega o resto do mundo nas costas.

E se não é o Q. I. que nos divide em pobres e ricos, em vencedores e frustrados, o que será?

6.

Já que analisamos o conceito de Q.I., vamos fazer o mesmo com a Teoria das Inteligências Múltiplas. Suponha que Pedro tenha o que Gardner chama de inteligência musical. Isso quer dizer, de acordo com Gardner, que Pedro possui uma inteligência para a música. Ele é uma pessoa musicalmente inteligente.

No entanto, apesar da inteligência musical, Pedro é um pessimista. Assim, em função do seu pessimismo e da falta de ousadia, autoestima e empenho, Pedro jamais desenvolverá essa inteligência musical. Por não a desenvolver, ninguém saberá que ele a possui. E por ter uma autoestima muito baixa, nem ele acredita ou aceita que tem toda essa inteligência.

Agora, visualize Pedro com setenta anos de idade. Como ele nunca usou sua inteligência musical, ninguém, nem mesmo ele, sabe que a possui. Será que Pedro, de fato, poderia ser considerado uma pessoa musicalmente inteligente? A lógica do nosso raciocínio indica que não. No máximo, Pedro poderia ser considerado uma pessoa com um talento musical não desenvolvido.

Observe um detalhe importante: estamos nos referindo a um *talento musical*, e não a *inteligência musical*. Em outras palavras, o que queremos dizer com isso é que Pedro tinha uma habilidade natural para a música, mas não foi inteligente o suficiente para desenvolvê-la. Percebe a diferença?

Qual é, então, o problema? Onde está a falha? O problema está na confusão que essa teoria cria entre a inteligência propriamente dita e nossas habilidades naturais. Há uma diferença clara entre um talento natural e a inteligência. Talento é a habilidade de exercer certa atividade com uma facilidade natural maior que a maioria das pessoas a nossa volta. A inteligência, em termos gerais, é entendida como a habilidade de compreender conceitos complexos, de se adaptar com eficácia ao contexto, de tirar lições das experiências diárias, de se engajar em distintas formas de raciocínio e características similares.

Portanto, acreditamos que é seguro, então, a esta altura, afirmar que as características que Gardner chama de inteligências múltiplas, na verdade, não são, necessariamente, inteligências —

são apenas habilidades ou talentos naturais —, e que são características separadas da inteligência em si.

Considere, outra vez, o exemplo de Pedro. O que Gardner chama de inteligência musical, na verdade, é apenas um talento natural que Pedro possui para a música. Desenvolver esse talento é uma escolha que Pedro poderá ou não fazer, e decerto terá um efeito prático nos seus resultados e no seu bem-estar, mas desenvolver ou não esse talento não muda o seu nível de inteligência. Em outras palavras, você pode continuar sendo uma pessoa inteligentíssima sem tirar proveito algum do seu talento, mesmo que fazê-lo seja extremamente importante para o seu desempenho profissional.

Isso quer dizer que você tem um talento natural e tem uma opção: desenvolvê-lo ou não. Decidir fazer aquilo para o qual tem uma habilidade natural é uma escolha. É um processo deliberado. A inteligência, ao contrário, é um processo involuntário. Você não escolhe usar a inteligência num momento, e no outro, não. Ela se impõe involuntariamente o tempo todo. Por isso, talvez fosse mais adequado chamar o estudo de Gardner de "A Teoria dos Talentos Múltiplos", e quem sabe, deixar a inteligência fora disso.

7.

Então, a que conclusão chegamos? Como essas teorias explicam o sucesso de pessoas como Sara Blakely? Todas essas análises deixam vir à tona algo que contraria bastante as expectativas que temos sobre a inteligência. Ao longo dos séculos, encaramos os conceitos sobre inteligência com uma seriedade quase ridícula. Criamos verdadeiras ilusões sobre seu papel na nossa vida. Teóricos de toda ordem, não se contentando apenas em estimulá-la, pretenderam, a todo custo, elevar sua importância a níveis grotescos. Multiplicamos conceitos e nomenclaturas e criamos fórmulas universais para desenvolvê-la. Mas há algo que raramente questionamos: sua função real nos resultados que obtemos na vida.

Todos nós queremos acreditar que o segredo do sucesso está na inteligência. Por isso, passamos grande parte da nossa vida tentando aprimorá-la. Pagamos caro para manter nossos filhos nos colégios mais conceituados. Exigimos que eles passem horas memorizando conceitos complexos, criando associações complicadas e compreendendo teorias abstratas. Depois, nós os submetemos a provas e testes e os classificamos de acordo com seus resultados.

E o que acontece com aqueles que não conseguem bons resultados nessas provas e nesses testes? Que tipo de ideia eles desenvolvem sobre si mesmos? Quando estudava para seus testes, Sara Blakely dizia a si mesma "Lembre-se do que você está lendo", e mesmo assim ela não conseguia lembrar-se de muita coisa. Por isso, jamais se deu bem em testes. Por outro lado, ela conseguiu se dar muito bem na vida. E o que isso nos revela? Que nem sempre é necessário se dar bem na escola para obter sucesso na vida. Mas, de onde vem esse silencioso sentimento de que somos incapazes de viver uma vida extraordinária? Será que é possível que muitos de nós sejamos impactados negativamente pela ideia de não nos sairmos bem nesses testes?

CAPÍTULO 2

A IMPOTÊNCIA INDUZIDA

*"Aparências externas são ilusórias.
O que está dentro delas, por debaixo delas, é o que importa."*

RYAN HOLIDAY
ESCRITOR AMERICANO

1.

No início da década de 1970, os psicólogos Martin Seligman e Steven Maier realizaram uma série de experiências com cães da raça pastor-alemão que pode nos ajudar a esclarecer a origem de nosso sentimento de incapacidade. Primeiro, os cães foram separados em dois grupos. Em seguida, colocados em pequenos compartimentos montados em um laboratório.

Os cães do primeiro grupo foram presos em coleiras e expostos a uma pequena descarga elétrica que produzia uma contínua sucessão de choques. Embora não fossem prejudiciais, os choques eram desconfortáveis e um pouco dolorosos. Ao lado da cabeça dos cães, havia um pequeno painel eletrônico, que, quando tocado, interrompia a corrente elétrica e acabava com os choques.

Os indivíduos do segundo grupo foram colocados num compartimento igual aos do primeiro. Também estavam presos à coleira e receberam os mesmos choques. Mas havia uma diferença: o painel que interrompia os choques não funcionava. Eles não tinham como interromper a sucessão de choques que recebiam.

Em síntese, quando os cães eram submetidos à corrente elétrica, um grupo tinha controle para acabar com o choque, e o outro, não. Os cães com o controle logo aprendiam o truque. Assim que sentiam a descarga, cutucavam o painel com a cabeça e acabavam com o desconforto. Os outros, sem tal controle, não tinham o que fazer, a não ser suportar o desconforto.

O objetivo dos pesquisadores era avaliar o comportamento dos cães após essa experiência com os choques. A pergunta que eles se faziam era: será que haveria alguma diferença no comportamento entre o cão com controle e o outro, que não possuía esse controle?

Quando os pesquisadores colocaram os cães de volta no canil, algo estranho aconteceu. Os do primeiro grupo, aquele que tinha o controle de interromper os choques, estavam calmos, tranquilos e agiam normalmente. Os outros, do segundo grupo, permaneciam nervosos, ganiam e se mostravam ariscos por um bom tempo.

Seligman e Maier decidiram, então, realizar uma segunda etapa da experiência. Em vez de colocar os cães de volta no canil, colocaram-nos em outros compartimentos, cercados e com uma divisória baixa no meio. Mas havia um detalhe: um lado do compartimento tinha piso de metal, e o outro, de borracha. O de metal dava choques, o outro, não. Se o cão quisesse, poderia facilmente saltar sobre a divisória, indo de uma parte do compartimento para a outra.

Os pesquisadores então repetiram a primeira etapa da experiência, colocando os cães nos compartimentos com os painéis eletrônicos, onde um grupo podia acabar com os choques, e o outro, não. Em seguida, os cães foram colocados sobre o piso de metal que os conectou a uma leve corrente elétrica. Os pesquisadores queriam constatar se, agora, livres da coleira, eles tentariam escapar do desconforto causado pelos choques do piso de metal, saltando para o outro lado do compartimento.

Foi aqui que Seligman e seu colega observaram um fenômeno ainda mais estranho. Os cães que na primeira etapa da experiência tinham controle para interromper o choque logo saltavam a coluna. Os outros, que não tinham o controle para interromper os choques na etapa anterior, permaneciam na parte do piso de metal.

Eles aceitavam de modo passivo o desconforto causado pelos choques. Ganiam, mostravam-se angustiados, incomodados e estressados, mas não reagiam. Mesmo vendo os outros cães saltarem as colunas, eles simplesmente se resignavam e aceitavam a dor. Era como se não tivessem a mesma escolha que os cães do outro grupo. Em muitos casos, apesar do desconforto que experimentavam, eles até mesmo se deitavam sobre o piso eletrificado.

2.

Um estudo intrigante, não é? Se lá no começo tivéssemos sido estimulados a opinar sobre a provável reação dos cães diante dessas experiências, sem dúvida não suspeitaríamos de que uma pequena série de choques, como os da etapa inicial da experiência, faria uma diferença tão impactante no comportamento futuro desses animais. Mas o que o desenrolar da experiência nos mostrou? Ela definiu completamente as ações posteriores dos cães. A falta de controle do segundo grupo para interromper os choques na primeira etapa fez com que ele nem mesmo tentasse na segunda. De certa forma, eles se sentiam impotentes. Psicólogos chamam esse tipo de condicionamento de impotência induzida.

E por que o experimento com os cães é importante? Porque vários estudos posteriores evidenciaram que esse tipo de comportamento também é natural em seres humanos. Em inúmeros casos, também nós, consciente ou inconscientemente, nos tornamos vítimas da impotência induzida. Quando somos levados a acreditar que não temos controle sobre uma situação, por exemplo, a tendência natural é passarmos a agir de forma passiva. Aceitamos a situação que nos é oferecida, apesar do desconforto que ela causa. Em outras palavras, se formos induzidos a acreditar que somos impotentes diante de uma circunstância, é muito provável que passemos a aceitá-la como normal.

O que isso nos diz é que se algo nos induzir a acreditar que não somos muito inteligentes, há grandes chances de aceitarmos essa indução como verdadeira. A partir de então, o parâmetro das nossas perspectivas será de que somos pouco inteligentes. E julgaremos tudo segundo os critérios definidos por esse parâmetro. Percebe as consequências?

Em outras palavras, isso quer dizer que quando passamos a acreditar que não somos muito inteligentes, desencadeamos um modo de pensar que transformará nossa vida de uma maneira que jamais imaginaríamos.

Considere, por exemplo, o seguinte episódio ocorrido décadas atrás numa escola de ensino médio da Inglaterra. Ao organizar as planilhas que separavam os alunos por desempenho, o coordenador cometeu um erro: sem querer, ele trocou as duas planilhas. Com isso, os estudantes que no ano anterior haviam tido desempenhos excelentes foram parar na lista dos alunos com desempenhos insatisfatórios, e vice-versa. Essas planilhas eram usadas como critério principal que orientava os professores sobre como deveriam lidar com os alunos.

No final do semestre, ao revisar as planilhas, o coordenador se deu conta do erro. Sem contar a ninguém o que havia acontecido, ele fez uma análise minuciosa sobre o desempenho dessas duas turmas. O que ele descobriu o deixou perplexo. Os alunos que no ano anterior tinham sido considerados excelentes, ao serem tratados como menos capazes, pioraram muito. E aqueles com resultados insatisfatórios, ao serem tratados como brilhantes, evoluíram extraordinariamente. O que acontecera? Ele constatou algo intrigante. O problema que impactava o desempenho dos alunos não estava na sua capacidade; mas na maneira como eles eram vistos pelos professores. Quando a forma como os professores viam os alunos mudou, os próprios alunos mudaram.

Então, se quatro meses de aula tiveram um impacto tão profundo nos resultados desses estudantes, que consequências podemos esperar dos vários anos que passamos na escola? Em uma visão comum, professores e escola cumprem um papel fundamental na vida de todos nós. Tanto é que todas as crianças são obrigadas por lei a frequentar uma instituição de ensino.

Mas será possível que em alguns casos a escola induza em nós um sentimento de impotência? A resposta parece ser "sim". E há uma maneira de descobri-lo. Para isso, precisamos analisar o tipo de influência que a escola tem na formação do ponto de vista que criamos sobre nós mesmos.

E olhando para isso de forma rápida, podemos separar duas suposições bem claras. A primeira baseia-se na ideia que a escola pressupõe de que, para sermos bem-sucedidos, é preciso ser bastante inteligente. A segunda nos diz que somente seremos inteligentes se os resultados nos testes de avaliação forem positivos. Essas ideias produzem qual impacto na nossa vida? Isso é difícil de responder, e a razão disso é a complexidade do ser humano. Além disso, quando se trata de formação de personalidade, as respostas nem sempre são tão óbvias.

Contudo, o fato de que a maioria absoluta das pessoas não consegue resultados satisfatórios ao longo da existência sugere que alguma condição deve estar a impactá-las negativamente. E se essa condição, como vimos no capítulo anterior, não é inteligência, então as duas suposições da escola estão equivocadas. O que cria uma perspectiva de que, quando se trata da construção do sucesso, o papel da escola não é tão relevante.

A teoria da impotência induzida constitui uma segunda perspectiva, ainda mais negativa, dessa mesma ideia. A partir desse ponto de vista, o motivo pelo qual vivemos vidas tão acanhadas está no nosso modo de pensar, de ver a vida e de nos posicionarmos diante dela. E esse modo de pensar sofre o impacto gerado por um sentimento de impotência causado pela ideia de que não temos o necessário para triunfar. E essa ideia é criada pelo condicionamento que recebemos durante nossa vida escolar.

Quando estudamos, não desenvolvemos apenas conhecimento. Também desenvolvemos uma ideia sobre quem acreditamos ser. E quando somos constantemente induzidos a crer que não somos inteligentes porque não conseguimos bons desempenhos nos testes, desenvolvemos um sentimento de inferioridade. E por isso passamos a acreditar que não adianta sonhar grande, uma vez que só os inteligentes de fato terão chances de realizar grandes coisas. Esse pensamento nos faz viver passivamente, de modo a aceitar a realidade em que vivemos, mesmo que ela cause dor e sofrimento.

Pode ser difícil de aceitar, mas essa tendência de classificar como inteligentes apenas aqueles poucos que tiram as notas mais altas, induzindo na maioria a ideia de que não são muito inteligentes, é uma herança perigosa que recebemos da escola. Por quê? Porque, como vimos até aqui, a perspectiva dos resultados dos testes de avaliação é um parâmetro relativo. Ele julga tudo segundo os critérios de compreensão e memorização do conteúdo, sem considerar uma série de caraterísticas, como a resiliência, a criatividade, o inconformismo e o atrevimento, presentes em todos aqueles que deixaram sua marca no mundo.

3.

Voltemos à história de Sara Blakely. Quando ela abordou as fábricas têxteis para confeccionar seu produto, foi friamente recusada por todas as pessoas que visitou. E a razão para isso é que achavam bastante improvável a possibilidade de a ideia de Sara dar certo.

"Uma meia-calça sem ponta nos pés? Para afinar as pernas, firmar as coxas e esconder gordurinhas?", ela relembra as pessoas repetindo com desdém. Ninguém jamais ouvira falar nisso. E a conclusão era unânime: se o conceito tivesse valor, alguém já o teria transformado em realidade. Em outros locais, a pergunta era: "Para que marca você trabalha?", E quando ela dizia que ainda não havia marca, que ela mesma criara o produto, a chance de haver uma segunda pergunta morria no mesmo instante. Sara era ignorada imediatamente.

Acredite ou não, o mundo dos negócios está cheio de ideias incríveis que morreram nesse estágio do processo. Para conseguir alguma chance, uma ideia apenas não basta. É preciso ter uma convicção suprema e obstinada dessa ideia. A convicção precisa ser forte o suficiente para resistir às opiniões contrárias, às chacotas e aos debuches dos outros. É necessário expor-se e não ter medo do ridículo. E quais serão as nossas chances de enfrentar tudo isso se sofremos de um complexo de inferioridade induzido ao longo da infância?

É importante observar que, se analisarmos histórias como as de Sara Blakely, encontraremos evidências para crer que a maneira como pensamos sobre nós é muito mais importante que qualquer outro fator, incluindo a própria inteligência. E se isso parece verdade, considerando que, nos longos anos que passamos na escola, somos constantemente analisados, avaliados, julgados e classificados de acordo com nosso desempenho em testes de avaliação, que ideia a escola ajuda a desenvolver sobre nós?

Por um lado, com seu sistema de avaliação, ela nos convence de que para ser especial é preciso ser inteligentíssimo. Por outro, é fácil sermos convencidos, por esse mesmo sistema de avaliação, que não somos muito inteligentes. E se formarmos a crença de que não temos a inteligência necessária, é muito provável que viveremos ameaçados por um sentimento de inadequação. Em consequência, raramente iremos nos expor. Em vez disso, nós nos sentiremos alienados, deprimidos e sufocados por uma autoimagem negativa. E isso muda por completo nossa postura diante da vida.

Ou seja, há sérias suspeitas de que a maneira equivocada como vemos e compreendemos a inteligência cria um círculo vicioso em relação a nossa autoestima, o que afeta nossa autoconfiança. É como se fôssemos induzidos a nos ver como inferiores e impotentes. E em consequência, inadequados para a vida.

Considere a seguinte situação: você está numa reunião do seu departamento e sente que tem uma coisa importante a dizer. Mas, ao mesmo tempo, um duelo é travado em sua mente. De um lado está a vontade de expressar sua opinião, e do outro, o medo de ser ridicularizado por causa dela. O que você fará? Se sua autoimagem for negativa, você irá se manter calado. Se for seguro de si, você falará. E isso irá fazer toda a diferença.

4.

Assim que teve os primeiros produtos em mãos, Sara ligou para a loja Neiman Marcus de sua cidade, para colocar seu produto à venda. Ao receber a informação de que havia uma central que fazia as compras em Dallas, ela ligou para lá e disse: "Eu inventei um produto que irá mudar radicalmente a maneira como cada uma de suas clientes se vestirá daqui para a frente! Você tem dez minutos para ver uma demonstração?".

Sara foi para Dallas. E quando percebeu que estava perdendo a atenção da mulher encarregada pela compra, pediu-lhe que a acompanhasse até o banheiro. A mulher estranhou, mas Sara insistiu. No banheiro, Sara tirou a roupa e vestiu a meia calça para mostrar como ficava no corpo. Não teve pudor nem constrangimento. E foi ali, com essa demonstração, que ela fez sua primeira venda. Em poucas semanas, o produto de Sara estava exposto em sete lojas da Neiman Marcus.

Se você tem um complexo de inferioridade que vem de uma programação mental que afirma que você não é tão inteligente ou bonito quanto deveria ser, quais as chances de ter o tipo de atitude que Sara teve? Nenhuma. Mas não é só isso. Em qualquer situação que você se encontrar, como numa entrevista de emprego, por exemplo, esse complexo o sabotará. O primeiro pensamento que irá lhe ocorrer será de que quem o está entrevistando fará a seguinte consideração: "Ele não é muito inteligente". E esse modo de percepção criará um sistema de comportamento que bloqueará por completo a sua autenticidade.

Com isso, você perderá a possibilidade de mostrar elementos importantes, tais como criatividade, iniciativa, talento e otimismo em relação à vida. Por que isso acontece? A resposta é simples. Quando você acredita que não é inteligente o bastante, sente-se inferior. A partir de então, será impensável e embaraçoso mostrar ao outro quem você realmente é. E a razão para isso é clara: você não quer ser visto como alguém inferior. E isso eliminará qualquer chance de causar uma impressão segura e confiante.

Esse tipo de pensamento não afeta apenas seu trabalho, mas também suas relações afetivas. Sua vida será um eterno esforço inútil para representar uma identidade falsa, alguém que você não é. Nesse caso, como em tantos outros, não será a sua falta de inteligência que o tornará impotente. Pelo contrário, esse sentimento nasce do seu modo de pensar, que diz que você não é tão inteligente quanto deveria ser. E isso cria em você uma imagem negativa de si mesmo que afetará completamente sua postura diante da vida.

5.

A forma mais simples de entender o que é uma imagem negativa é olhar para ela a partir da diferença que existe entre a imagem que temos de nós mesmos e a imagem real de quem somos. Em outras palavras, é a variação que existe entre quem somos e a ideia que temos de nós.

Se você observar a imagem acima, verá que há uma clara variação entre a imagem real e a refletida no espelho. A maioria de nós, pelo menos em termos de inteligência, vive assim. Nossa autoimagem é muito diferente daquilo que realmente somos. Não nos vemos como somos, mas de acordo com a ideia que criamos de nós mesmos. E é essa variação que caracteriza o lado negativo da nossa autoimagem.

Vamos supor que você seja um jogador de futebol. Mais que isso: que você seja um péssimo jogador. Seu jeito de correr é meio desengonçado, você não tem domínio de bola, não sabe driblar, chutar, nem desarmar o adversário. Mas tem consciência de tudo isso. Reconhece sua inabilidade e admite que é um péssimo jogador. Isso não caracteriza uma autoimagem negativa. Tampouco reflete que você tem baixa autoestima. Por quê? Porque não há variação entre quem você é e quem pensa que é.

Agora, imagine a situação inversa. Você é um jogador talentoso. A sua volta, todos reconhecem seu potencial. Mas você mesmo, por algum motivo, se julga um péssimo jogador. Nesse caso, há uma variação negativa entre quem você pensa que é — um péssimo jogador — e o que você é — um jogador talentoso. Essa diferença representa uma variação que caracteriza uma autoimagem negativa. No seu íntimo, você se sente menor do que de fato é.

A autoimagem sempre é o reflexo de uma ideia que você tem sobre si mesmo. E essa ideia é induzida em você. Quando ela é negativa, tudo o que você pensa, percebe, sente ou experimenta é afetado por ela. E internamente, essa ideia sempre é convertida em um sentimento específico: inadequação. Quando você pensa que é incapaz, incompetente ou medíocre, passa a viver de modo acanhado. Torna-se vítima da impotência induzida.

6.

Por isso, o conceito que você tem sobre si é uma força poderosa que dispõe de um enorme impacto sobre tudo o que faz. Como toda convicção, ela faz parte daquilo que você é. Trata-se de um filtro mental único e exclusivamente seu. Faz parte da sua singularidade. Ela é uma característica muito íntima, pessoal. Contudo, é sutil e insidiosa, complicada de identificar e difícil de combater. Razão pela qual, quase sempre, convivemos com ela em silêncio durante a vida inteira. E quando ela é negativa, cria um sentimento de inadequação que nos coloca em enorme desvantagem diante da vida.

Uma pessoa como Sara Blakely, que não possui essa ideia de inadequação, tende a ter enormes vantagens em tudo que faz. E a razão é uma só: ela se expõe mais. Ao se expor, desafia-se mais. Faz pequenas coisas que permitem que se manifeste quem ela verdadeiramente é. Dedica-se mais porque acredita em si. Assume uma tarefa especial e a desenvolve com afinco, e assim vai se distanciando da maioria.

E o que isso nos diz? Que a razão principal pela qual a maioria de nós vive vidas tão estreitas não tem nada a ver com a falta de inteligência. Mas que talvez tenha relação com a ideia que nos foi induzida sobre nossa falta de inteligência. Ela nos provoca um sentimento de impotência. A partir disso, consideramos o fracasso diante de um desafio como sinal de incapacidade. Qualquer obstáculo nos desanima porque soa como inferioridade intelectual. E tudo isso nos faz desistir cedo demais.

E se essa noção lhe parece estúpida, tenha em mente que pessoas que vivem vidas extraordinárias não são a regra, mas a exceção. A maioria absoluta de nós, apesar dos nossos diplomas, de lutarmos sem descanso para conquistar um lugar ao sol, vive vidas estreitas e frustradas. Ou não?

É claro que, com isso, não queremos dizer que nossa inteligência ou mesmo a formação acadêmica não cumprem um papel importante. O que estamos afirmando é que, quando se trata de resultados práticos, a inteligência é um fator secundário — o fator primário é o nosso modo de pensar. Afinal, não importa o nível de inteligência que você possui; uma vez que desenvolver um modo de pensar, dificilmente conseguirá raciocinar fora do contexto estabelecido por ele. Em outras palavras, você pode ser inteligentíssimo, mas se tiver em mente que não possui a inteligência necessária para se dar bem, não será sua inteligência o que vai prevalecer, mas aquilo que você pensa sobre ela.

7.

Até agora, vimos que nossa singularidade não é determinada pela nossa inteligência ou por aspectos genéticos. Ela se define pela postura que assumimos diante da vida. E essa postura trata-se, em grande parte, do nosso modo de pensar. É ele que está por trás de tudo que produz nossos resultados. E para facilitar a compreensão do que afirmamos, analisemos um exemplo hipotético bem simples. Imagine que João nasceu num contexto privilegiado, em uma família com excelentes condições. Ele estudou no exterior, fala cinco idiomas, é inteligente e talentoso. Por conta das relações de seu pai, fez amizade com pessoas influentes e logo passou a transitar com facilidade nos altos círculos do poder. João, então, tem tudo o que achamos ser necessário para o sucesso: oportunidades diferenciadas, inteligência acima da média, talento e criatividade. Mas há um problema: ele possui uma mentalidade errada. Pensa que pode tudo, passa por cima dos outros, é arrogante e presunçoso. Envolve-se em escândalos, pois paga propina a políticos para obter vantagens ilícitas. Então, é preso e condenado a uma pena de vinte anos.

Maria, ao contrário, nasceu num contexto humilde. Foi criada pela avó, com quem aprendeu princípios como determinação, humildade, integridade, honestidade e solidariedade. Maria nunca teve oportunidades diferenciadas, não se formou em nada, e sua inteligência jamais foi elogiada. Começou a trabalhar cedo vendendo doces e sucos numa barraquinha no calçadão da orla.

Sua personalidade e sua mentalidade positiva, que atraíam cada vez mais clientes, fizeram dela uma sensação, o que aos poucos foi ampliando seu negócio. Anos mais tarde, com suas economias, ela abriu um restaurante que logo se multiplicou numa rede de cinco, dez, quinze filiais. Ao completar setenta e cinco anos, Maria se retirou para o sítio dos sonhos, que conseguiu comprar de João por uma pechincha quando ele estava em apuros. Lá, ela vive em paz. Cuida dos netos, enquanto, orgulhosa, vê seus filhos administrarem o negócio que ela criou, seguindo cada um dos princípios que a mãe lhes ensinou.

Onde está o ponto de desequilíbrio entre João e Maria? Não é difícil perceber que não está na inteligência superior, no talento incomum e, tampouco, nas oportunidades diferenciadas. Para entender o que levou João ao fracasso e Maria, a viver a vida dos sonhos, é preciso olhar para aquilo que determinou o modo como cada um usou sua inteligência, seu talento e suas oportunidades. E o que foi isso? O modo de pensar.

Essa percepção cada vez mais evidente, nos levou, ao longo dos anos, a elaborar um conceito que chamamos de Teoria da Mentalidade. Esse conceito diz que o modo de pensar de uma pessoa é mais importante que outros fatores, geralmente considerados primários na obtenção do sucesso, como inteligência, talento, criatividade e oportunidades diferenciadas. Por quê? Porque se uma pessoa, por exemplo, possui um Q. I. elevado, mas sua mentalidade é inadequada, essa inteligência se tornará refém dessa mentalidade, impedindo seu desenvolvimento. E com isso, apesar de seu Q. I., produzirá resultados frustrantes.

Por outro lado, se uma pessoa tem um nível médio de inteligência, mas seu modo de pensar é adequado, ela fará uso correto dessa inteligência, o que a levará a aflorar, produzindo resultados extraordinários. O mesmo vale para outros fatores, como talento, criatividade e oportunidades diferenciadas.

Em outras palavras, assim como a alimentação inadequada pode anular o talento de um atleta, a mentalidade errada pode anular a inteligência de um gênio. E a menos que você use sua inteligência para questionar e mudar essa mentalidade, ela limitará o uso de sua inteligência. Por isso, a mentalidade deve ser considerada um elemento primordial na nossa formação, pois ela nos habilita a tirar o máximo da nossa inteligência — ou nos impede de fazê-lo.

Foi isso o que aconteceu com Sara Blakely. As estruturas formais ensinadas nas aulas de negócios em universidades famosas significaram muito pouco ou quase nada para a maneira como ela criou o próprio negócio. As regras, estratégias, táticas universitárias foram ignoradas por completo. Sara simplesmente resolvia cada problema na medida em que ele aparecia, e sempre do seu jeito. Com a mentalidade adequada, ela usou uma ideia muito simples para sair do nada e criar sozinha a companhia que, talvez, tenha tido um dos crescimentos mais rápidos que o setor têxtil viu nas últimas décadas.

Neste livro, mostraremos como nossa mentalidade se forma e como ela define quem somos, e os resultados que produzimos. Revelaremos o passo a passo seguido por inúmeras pessoas que começaram de baixo e que, contra todas as expectativas, se tornaram extraordinárias e impactaram o mundo que nos cerca. Nas páginas a seguir , você verá de que maneira a mentalidade nos ajuda, por exemplo, a compreender desempenhos singulares como o de Michael Jordan, ou o surgimento de produtos como a Barbie, ou ainda, empresas como a Honda e fenômenos literários como Paulo Coelho. Além disso, lhe mostraremos como se libertar de fatores como a impotência induzida e desenvolver uma mentalidade ideal para criar riqueza e prosperidade em sua vida. É bem provável que você se surpreenda com o que irá descobrir.

CAPÍTULO 3

O PONTO CEGO DA HISTÓRIA

*"Você precisa promover seu próprio crescimento,
não importa quão alto era seu avô."*

ABRAHAM LINCOLN
16º PRESIDENTE DOS ESTADOS UNIDOS

1.

A vida sempre foi dura com ela. Aos dezessete anos, casou-se. Aos vinte e quatro, quando o marido foi servir na Segunda Guerra Mundial, já era mãe de três filhos. Quando o marido retornou, ao fim da guerra, ele pediu o divórcio. Dali em diante, ela teve que se virar sozinha, sem formação, sem dinheiro e com três crianças para cuidar. Na época, mulheres eram discriminadas de forma explícita no trabalho. Mas era preciso sobreviver. E sem outras opções, ela percorreu as ruas da vizinhança a pé, e, de porta em porta, vendia livros.

Mais tarde, conseguiu um emprego numa empresa de vendas diretas. Ali, trabalhou pouco mais de dez anos. Raramente era reconhecida pelo seu desempenho. Jamais foi promovida. Aos trinta e cinco anos, trocou de empresa. Trabalhou mais dez anos, mas pouco mudou. Frustrada, desmotivada e sem esperanças, quando chegou a hora, aposentou-se. Já estava com quarenta e cinco. Suas economias eram parcas. Tudo o que guardara até então eram US$ 5 mil.

Mas a mulher que naquele momento se achava no palco, dez anos depois, sabia o que estava fazendo. Ela era brilhante. Falava com autoridade. Sua personalidade era tranquila e segura. Seu carisma, irresistível. Àquela altura, era uma empresária respeitada em todo o país. Administrava seu próprio negócio: uma empresa multimilionária de cosméticos que envolvia mais de 23 mil pessoas, e já se espalhara por todo o território americano e nas principais cidades da Austrália.

No palco, enquanto aguardava os aplausos calorosos se dissiparem, ela olhava atenta para o público: cerca de mil mulheres que participavam do seminário naquele dia. Então, ela disse: "Se existisse uma única sentença capaz de expressar a característica que nos coloca à parte, no topo, essa expressão provavelmente seria 'foco no cliente'. Esse foco que transforma a necessidade do cliente em nossa meta maior. Você descobre o que o cliente quer, oferece a solução para ele e o ajuda a obtê-la. Essa é a ação real de servir o próximo. E servir o próximo é o coração do nosso negócio", ela concluiu, para mais uma vez ser ovacionada.

A plateia, que se constituía de professoras, advogadas, domésticas e donas de casa, estava encantada, motivada e inspirada pela oportunidade de ter um veículo que as ajudasse a realizar seus sonhos. Aquelas mulheres sentiam suas esperanças renovadas e afirmavam que suas vidas tinham mudado completamente depois de conhecer aquela empresa. E tudo isso elas atribuíam à mulher que, uma década atrás, sentia-se frustrada, decepcionada e sem rumo.

Para elas, Mary Kay Ash tornara-se uma prova viva de que não importa onde você está — se você de fato quer, pode mudar, pode transformar sua vida e se tornar uma pessoa muito melhor. Afinal, ela mesma fizera isso. E em menos de dez anos.

Como tudo aconteceu? Pessoas normais não se transformam em sucesso num toque de mágica. O que fez, então, com que Mary Kay Ash, uma mulher com uma vida sem perspectivas, num ambiente que discriminava a liderança feminina e sem capital para investir, se tornasse uma empresária tão segura, convincente e bem-sucedida em tão pouco tempo?

2.

Por vários séculos, filósofos e psicólogos de todo o mundo têm se envolvido num debate caloroso sobre uma questão: o destino existe? A resposta lógica e natural parece ser "sim". Afinal, não escolhemos fatores importantes da nossa vida, como a genética, o lugar e a época em que nascemos e crescemos, a escola, os costumes e a cultura nos quais desenvolvemos nossa personalidade. E sabemos que todos esses fatores exercem um impacto fundamental em nós.

Digamos que você queira se tornar um jogador de basquete. Imagine que deseje chegar ao status de Michael Jordan. Por mais ardente que fosse sua vontade de se tornar igual ou melhor que Jordan, por maior que fosse sua determinação, disciplina e força de vontade, a realização desse sonho não dependeria só de você, certo? Ela dependeria de inúmeros fatores que estão fora de seu controle. Você precisaria de altura adequada, idade ideal, aptidão natural, força de vontade e habilidade física. Sem essas características, você jamais alcançaria seu objetivo. Isso é fácil de entender. É uma conclusão natural. Por esse motivo, acreditamos que Michael Jordan só pôde se tornar o atleta que conhecemos porque de certa forma foi beneficiado pelo destino.

Porém, não é só isso. Mesmo que você tivesse altura, porte físico e idade apropriada, ainda assim dependeria de outros fatores essenciais que fogem completamente a seu controle;

como a sorte, por exemplo. Você precisaria de sorte para várias coisas, como nascer num país com tradição no basquete, num bairro ou cidade com quadra para praticar e encontrar o ambiente adequado, como uma escola que reconhecesse seu talento para o basquete e o ajudasse a desenvolvê-lo. Além disso, também precisaria da sorte para cair nas graças do treinador, para que, quando necessário, ele o colocasse à frente dos colegas, dando-lhe as melhores oportunidades. Se em vez disso ele o deixasse o tempo todo no banco de reservas, que chances você teria?

Será que o mesmo padrão se aplica a outras carreiras? Acredite ou não, é difícil imaginar alguém que não concorde que pessoas com trajetórias brilhantes, em grande parte, chegam lá por influência do destino. Suspeitamos que se não fosse o acaso favorecê-los em momentos cruciais, elas jamais teriam conseguido. Isso se aplica a nossa vida pessoal assim como a empresas, comunidades e nações.

Veja, por exemplo, o que escreveu recentemente Daniel Kahneman, professor da Universidade de Princeton, que ostenta em seu currículo um cobiçado Prêmio Nobel de Economia: "A comparação de empresas que foram mais ou menos bem-sucedidas é, em grau significativo, uma comparação entre empresas que tiveram mais ou menos sorte".

O que ele quer dizer com isso? Que fatores como inteligência, talento, preparo e determinação não são importantes? É claro que não. O que ele está dizendo é que não importa o quanto você se prepara e se esforça: sem a ajuda da sorte, não terá a menor chance. Isto é, se você quer ter sucesso, precisa ter o destino e o acaso como seus aliados.

E o que é o destino? Para alguns, é uma força misteriosa que controla e determina os acontecimentos na vida das pessoas, como a sorte ou a vontade de Deus. Para outros, é simplesmente o acaso. Um conjunto de eventos improváveis e imprevisíveis que acontecem conosco e que, em alguns casos, podem nos empurrar para o topo e, em outros, nos lançar ao fundo do poço.

Na verdade, esses conceitos não são estranhos para ninguém. Nós manifestamos nossa crença no destino e no acaso em atitudes bastante simples. Como quando supomos que certos indivíduos se tornaram gigantes porque tiveram sorte. Ou quando pensamos que, de uma ou de outra forma, eles foram beneficiados por oportunidades incomuns, uma inteligência superior ou vantagens que nós não temos. E que por tudo isso se tornaram quem hoje são.

Mas e se analisarmos essa questão a fundo, o que descobriremos? Será que somos mesmo um produto da vontade de alguma força misteriosa?

3.

Para responder a essa questão, voltemos à história de Michael Jordan. Muitos especialistas o consideram o melhor jogador de basquete de todos os tempos. Outros vão ainda mais longe e o apontam como o atleta mais extraordinário da história. De onde veio esse sucesso?

Se você revir a leveza, a elegância e a magia com que ele se movimentava em quadra, ficará fácil se convencer de que, de fato, Jordan nasceu assim, pronto, favorecido pelo destino. E que por ter nascido assim teve oportunidades e vantagens totalmente incomuns. Mas o que encontraremos se analisarmos sua trajetória antes de ele se tornar o fenômeno que se tornou?

Michael Jordan nasceu em fevereiro de 1963. Em 1978, com quinze anos, já medindo 1,80m, ele estava no segundo ano do ensino médio, período no qual as futuras estrelas já começam a brilhar. Na época, Jordan estudava na Emsley A. Laney High School, em Wilmington, na Carolina do Norte. A escola tinha cerca de setecentos e cinquenta alunos. No outono daquele ano, Fred Lynch, o técnico do time de basquete, convocou os melhores jogadores para montar a equipe que disputaria o campeonato regional.

Imagino que, a esta altura, você deva estar pensando na alegria de Fred por ter um atleta como Jordan no time. Mas será? Veja o que Fred disse anos depois: "Eu entrei para a história como o treinador que não incluiu Jordan no time titular da Laney High School. Ele era um bom jogador, mas não o suficiente para dar a contribuição de que precisávamos".

Sério? Quer dizer que Jordan aos quinze anos não era bom o bastante para fazer parte do time da escola?

Suponha que eu fosse seu colega de aula, e aos quinze anos, mesmo não conseguindo uma vaga no time de futebol da escola, lhe dissesse que eu seria o próximo Pelé. Qual seria sua reação? Garanto que você não apostaria suas fichas em mim. E foi exatamente o que aconteceu com Jordan. Janice Hardy, orientadora vocacional da escola, sugeriu a ele que cursasse a faculdade de matemática. Kenneth McLaurin, o diretor, orientou-o a entrar para as forças armadas. O que essas orientações revelam? Que, com exceção do próprio Jordan, pelo visto ninguém acreditava que ele teria chances numa carreira bem-sucedida no basquete.

E onde estão as oportunidades incomuns? A sorte de ter nascido com o necessário para brilhar? No caso de Jordan, elas simplesmente não existiram. E como ele se tornou o atleta que conhecemos?

4.

Com o sonho de se tornar um jogador profissional da NBA corroendo-o por dentro desde a idade de cinco anos, Jordan decidiu superar seu desempenho medíocre. E para isso, iniciou um intenso programa de treinamento. Praticou todos os dias mais que qualquer atleta profissional. "Eu não conseguia parar de treinar duro. Sentia-me péssimo todo dia quando percebia não ter me aprimorado em nada", Jordan conta.

Nas raras horas em que não treinava com a bola, ia surfar. E não fazia isso para se divertir, mas para desenvolver o equilíbrio necessário nas quadras. Estudos recentes mostraram que foi em consequência dessa prática que ele adquiriu, pelo menos em grande parte, seus movimentos leves, graciosos e mágicos dentro da quadra.

Mais tarde, quando concluiu o ensino médio, Jordan conseguiu ingressar na Universidade da Carolina do Norte. Lá, continuou a treinar com intensidade. Quanto mais treinava, melhor se tornava. Aos poucos, passou a chamar bastante atenção em quadra. Logo se tornou parte do time oficial da universidade, mas ainda estava longe de ser uma estrela. Apesar de iniciar sua carreira profissional em 1981, Jordan apenas conquistou seu primeiro título na NBA em 1991, dez anos depois. Durante todos esses anos, treinou rigorosamente todos os dias. Era o primeiro a chegar à quadra e o último a sair, e costumava parar apenas quando seus dedos davam sinais de sangramento.

Em 1985, atuando havia quatro anos como profissional, quando todo o mundo esperava que ele mostrasse resultados práticos na quadra, uma lesão o tirou do time por sessenta e quatro jogos. Jordan teve que deixar a NBA e retornar à Carolina do Norte, onde se submeteu a um intenso programa de recuperação.

"Nos primeiros anos, ele foi um jogador muito inconsistente. Mas, ao mesmo tempo, um dos mais competitivos que já conheci. Ele queria melhorar, e teve a disciplina e a habilidade para fazê-lo", conta Dean Smith, o técnico do time da Universidade da Carolina do Norte, na época.

Em 2001, já com trinta e oito anos, após ter estado afastado da liga principal por três temporadas, Jordan decidiu voltar a jogar. Especialistas esportivos comentavam que ele jamais conseguiria o desempenho de seus tempos de glória. De fato, no início, constantes lesões pareciam confirmar as previsões. Mas Jordan, outra vez, treinou duro. Elaborou um novo plano de treinamento diário. Reconheceu que, com a idade, o organismo passa a exigir mais cuidados. Elaborou um programa específico para manter a forma e montou uma equipe de profissionais e treinadores para acompanhá-lo.

Na sua última temporada, em 2003, já com quarenta anos, Jordan jogou todos os oitenta e quatro jogos do seu time. Em fevereiro daquele mesmo ano, tornou-se o único jogador da história da NBA que, com quarenta anos de idade, conseguiu marcar quarenta e três pontos num único jogo.

A história de sua trajetória brilhante já foi contada inúmeras vezes e nunca deixa de nos inspirar. E a razão disso é que a história de Jordan desafia tudo o que em geral pensamos sobre o sucesso. Em momento algum, vemos a mão mágica do destino o beneficiando. O basquete não é como o mundo empresarial, artístico ou político, onde você pode subir ao topo por ter herdado esse direito ou por ter uma rede de influência poderosa. O esporte é um mundo transparente onde só fica na vitrine quem realmente brilha em campo.

E como Jordan conseguiu isso? Um estudo realizado na Universidade de Hong Kong pode nos ajudar a compreender a resposta.

5.

A Universidade de Hong Kong é a instituição de ensino mais antiga daquela localidade. Todas as aulas são ministradas em inglês, portanto, trabalhos e exames também são realizados nesse idioma. É fácil concluir, então, que ter domínio da língua inglesa é fundamental para os acadêmicos. Mas como grande parte da população fala chinês, nem todos que entram na universidade têm proficiência em inglês. E nesse caso, para se dar bem, seria de se esperar que esses alunos tivessem grande interesse em aperfeiçoar seu inglês o mais rápido possível.

Tirando vantagem desse fator, a pesquisadora Carol Dweck e seus colaboradores aplicaram dois testes nos alunos do primeiro ano da faculdade de ciências sociais. O primeiro tinha como objetivo descobrir como os alunos viam a inteligência. Para isso, ela propôs estas opções:

1. A inteligência é um fator fixo. Todos nós já nascemos com um nível definido. Alguns nascem com um nível baixo, outros, médio, e ainda outros, com um nível alto.

2. A inteligência é um potencial que pode ser desenvolvido ao longo da vida. Uma pessoa que parece pouco inteligente na infância pode se tornar muito inteligente com o passar do tempo, caso se dedique a desenvolvê-la.

Entre as duas possibilidades, cada participante teve que escolher aquela que combinava com seu ponto de vista pessoal sobre a inteligência.

O segundo teste era para ver o nível de capacitação em inglês. Depois da conclusão dos exames, os pesquisadores separaram os alunos que não se saíram bem na segunda prova e lhes disseram que a universidade iria oferecer um curso de inglês gratuito para que pudessem aprimorar o idioma.

Suponha que você conseguisse uma vaga numa universidade onde toda a instrução fosse em inglês, idioma do qual você não tivesse domínio. Seria natural, suponho, aceitar a oferta da universidade. Mas não foi isso o que aconteceu. Quando os pesquisadores analisaram as respostas dos calouros, descobriram que muitos não tinham interesse no curso gratuito.

Eles então compararam o grau de interesse dos estudantes no curso gratuito com o modo como viam a inteligência e descobriram algo interessante. Os estudantes que viam a inteligência como uma qualidade que pode ser melhorada mostraram enorme interesse no curso. Por outro lado, aqueles que viam a inteligência como uma qualidade fixa, mesmo precisando melhorar o inglês, não demonstraram desejo de fazer o curso.

Por que esses alunos rejeitaram algo de que precisavam muito? A resposta está no modo de pensar. Por acreditarem que a inteligência era um fator fixo, não queriam expor publicamente suas deficiências. Qual o motivo? Isso mostraria que eles não eram muito inteligentes. Mesmo sabendo das necessidades de aperfeiçoar o inglês, a maneira como viam a inteligência os impedia de tomar a decisão que aumentaria suas chances de sucesso nos meses e anos seguintes.

Em outras palavras, não era a inteligência, mas o modo como os alunos pensavam sobre ela que definiria os seus resultados futuros. Esse é o efeito da Teoria da Mentalidade, que apresentamos no capítulo anterior. Lá, mostramos que o nosso modo de pensar é mais importante que outros fatores, como inteligência, conhecimento, talento, criatividade e oportunidades diferenciadas. Todas essas competências, geralmente consideradas fatores primários para a obtenção do sucesso, na verdade, são fatores secundários. O que isso quer dizer? Que existe um fator primário, que é fundamental. E esse fator é nossa mentalidade. Nesse capítulo, mostraremos como essa teoria se aplica na prática, e o que faz com que indivíduos como Michael Jordan, Mary Kay Ash e Sara Blakely sejam diferentes da maioria de nós.

6.

Aqui, então, cabe uma pergunta: se analisássemos os nossos resultados usando do mesmo ponto de vista que os pesquisadores analisaram a inteligência, a que conclusão chegaríamos? Que não é o destino, mas a maneira como nos relacionamos com ele que define nossos resultados. Ou seja, o que se aplica à inteligência também se aplica a outros fatores, como sorte, oportunidades, talento e heranças culturais. Não são esses fatores que determinam nossos resultados, mas o modo como pensamos sobre eles. Por quê? Porque o modo como pensamos sobre eles definirá a forma como iremos lidar com esses fatores.

Portanto, a lição é clara. Sucesso e riqueza são consequências da nossa maneira de lidar com o mundo. E essa maneira de lidar com o mundo é só nossa. É ela que define nossa singularidade. Ela é a base sobre a qual repousa todo o resto. E essa base é o ponto cego que aqueles que creem no destino e os teóricos do acaso não conseguem ver.

Ao olharmos pelo ponto de vista convencional, fica difícil concordar que foi um fator positivo para Jordan não ser escalado para o time de basquete da escola de ensino médio. Mas o que a história dele nos conta? Que esse acontecimento foi um ponto positivo. Ao não ser escalado, Jordan decidiu treinar muito mais duro do que provavelmente treinaria se tivesse sido convocado para o time. Não foi, então, uma oportunidade incomum o que o colocou na rota do sucesso, mas sim a maneira como ele lidou com uma adversidade.

E quanto a Mary Kay Ash? Será que o mesmo se aplica a ela? A resposta é "sim". Afinal, pouca gente veria como uma vantagem o fato de ela ter sido discriminada ao longo de sua carreira. Contudo, foi exatamente o que ela representou, uma vez que foi sua maneira de lidar com essa discriminação, que a levou ao desejo de criar uma empresa que a ajudasse a se libertar dessa discriminação. E Sara Blakely? Vimos que ela sempre sonhou ser advogada. Como não conseguiu ser admitida, teve que buscar outros caminhos. E foi essa busca que a tornou a empresária que conhecemos hoje.

Nesse contexto, a história de Jordan, assim como a de Mary Kay Ash e de Sara Blakely, é importante não como um evento isolado, mas pelo exemplo que oferece de que o destino ou o acaso, por si só, não é fator determinante nos resultados que obtemos na vida. Isso é claro. Basta imaginar quais seriam os resultados se, em vez de estudar, você deixasse tudo ao acaso. Se dependesse da sorte para passar de ano. Ou ainda: o que aconteceria com seu time de futebol se o técnico desistisse dos treinos e apostasse no destino? Se em vez de se esforçar, de dar o melhor de si e tentar tirar o máximo do potencial dos atletas, deixasse os resultados à mercê da sorte?

Pense, por um momento, nas piores dificuldades em que você já se encontrou. Puxe pela memória aquelas situações aparentemente insolúveis. Os problemas em que, de súbito, você se viu envolvido. Em quantas dessas circunstâncias a decisão sobre o que fazer ou como agir para enfrentar a situação dependeu de você? E o que definiu a forma como você agiu? Você teve alguma escolha nas decisões que tomou em relação a esses eventos?

Não há como negar que o destino tem certa influência na trajetória da nossa vida. Sob vários aspectos, ele influencia nossas ações, nossas escolhas, conquistas e derrotas. Mas será que é ele que determina o resultado que obtemos? É claro que não. As condições, as circunstâncias e os eventos em nosso caminho são uma parte significativa e inquestionável do que nos constitui. Mas se você refletir um pouco, verá que não importa qual seja a situação, o objetivo, o desafio ou o desejo, sempre teremos liberdade para decidir como iremos agir. E é essa relação entre você e a situação que irá definir seus resultados.

Temos aqui, portanto, dois conceitos importantes para levar em conta. Eles compreendem as duas partes da mesma moeda. De um lado está o destino, a sorte, o acaso. Do outro, nossa liberdade de agir ao que quer que o destino nos ofereça. E poderemos sempre escolher como reagir a ele. Ou não? O que a história de Mary Kay Ash nos mostra?

7.

Mary Kay Ash nasceu em 1918, num pequeno povoado rural do Texas. Sua família era pobre. Seu pai sofria de tuberculose, e sua mãe trabalhava catorze horas por dia para sustentá-los. Ainda criança, Mary teve que cuidar sozinha do pai adoecido e da casa. Assim que concluiu o ensino médio, sem condições para cursar uma faculdade, e sem outras opções, casou-se. Tinha dezessete anos. Uma década depois, estava sozinha outra vez, então com três crianças pequenas.

Naquele tempo, uma mulher jovem, mãe e separada do marido era quase o mesmo que nada. As portas se fechavam para tudo. Mas era preciso sobreviver. Sem muitas opções, Mary, durante anos, vendeu livros de porta em porta nos arredores de seu bairro. Até que, em 1939, aceitou uma proposta na

Stanley Home Products. Lá, mesmo não sendo valorizada como deveria, mergulhou no trabalho.

Passou a ler livros, estudar as pessoas e ficar perto dos clientes. Mesmo avisada pelas amigas de que num mundo dominado pelos homens as mulheres tinham poucas chances, mesmo ante o esforço que fizessem, Mary dava o máximo de si em suas tarefas. Ela não podia e não queria se entregar. Acreditava que, em algum momento, seu esforço seria recompensado.

Em 1954, atraída por promessas de valorização, Mary deixou a Stanley e foi para outra empresa: a World Gift. Mas com o tempo ela se deu conta, mais uma vez, de que, apesar de todo a dedicação, as promessas que lhe haviam feito mudar de empresa não seriam cumpridas. Dez anos depois, Mary decidiu desistir do emprego, recolhendo-se na aposentadoria.

Aposentada, Mary passou a se sentir ainda mais reprimida e frustrada, desconfortável dentro da própria pele. Vivia agitada e ansiosa, como se ainda não tivesse encontrado algo grande que sabia que estava ali.

Numa manhã de segunda-feira, em 1963, ela acordou cedo, fez um café, apanhou um bloco de notas e uma caneta e sentou-se à mesa da cozinha. Queria escrever um livro. Tinha uma ideia específica em mente. Iria elaborar um guia para ajudar as mulheres a alcançar seu espaço no mercado de trabalho.

"Eu me sentia devastada", ela revelou, referindo-se aos dias após ter se afastado da empresa que servira por dez anos. "Havia dedicado boa parte da minha vida a uma companhia da qual nem sequer era sócia. E cada vez que surgia a possibilidade de ser promovida, um homem, que quase sempre eu mesma treinara, era indicado para ocupar o cargo."

Ela vinha pensando na ideia do livro havia meses. Mas tinha um problema. Um forte sentimento de que talvez ela não tivesse tanta capacidade quanto imaginava. E isso a impedia de agir.

Naquela manhã, porém, Mary fez um pacto consigo mesma: iniciaria oficialmente seu plano. Depois de horas de labuta infrutífera, durante as quais não conseguiu escrever nada, dividiu a página ao meio com uma linha. Do lado direito, escreveu todos os fatores positivos que vira na empresa onde trabalhara. Depois, do lado esquerdo, listou todas as coisas negativas.

Num lampejo de inspiração, Mary viu que aquilo que deveria ser o esboço de um livro, na verdade, era um plano perfeito para iniciar sua própria empresa. "Havia certa lógica nessa percepção. Durante um quarto de século eu cuidara das vendas de outra companhia e treinara alguns dos melhores diretores de lá. Então pensei: por que não fazer isso para mim mesma?" Era uma sensação nova, tão inesperada e forte que Mary se sentiu plenamente capaz.

Porém, em seguida, viu-se assaltada pelo passado, e mais uma vez começou a se autossabotar. Sua mente procurava motivos para não seguir adiante. Afinal, quem era ela para se imaginar habilitada para criar, ou mesmo administrar, uma empresa?

Mary começou a suscitar todo tipo de dúvida. Era como se estivesse querendo mais do que poderia. Lembrou-se de como a vida tinha sido dura. E do quanto, muitas vezes, se decepcionara com as coisas. Ela carregava consigo um longo histórico de frustrações. Por que agora seria diferente?

Mas, mesmo assim, no fundo de seu coração, Mary sabia que tinha mais a oferecer. "Eu guardava um sonho que ardia dentro de mim. Queria mostrar ao mundo que era possível ter uma empresa onde todas as pessoas fossem tratadas com respeito e igualdade, com honestidade e integridade. Eu queria uma companhia baseada na regra de ouro: trate o próximo como você gostaria de ser tratado! Pois essa é a melhor regra que há no mundo", ela contou, anos depois.

Assim, Mary, que tornara a se casar, discutiu a ideia da empresa com o marido. As economias do casal eram pequenas. As dificuldades, enormes. Contudo, ele aceitou a parceria, e juntos eles começaram a detalhar o projeto. Foram meses de empolgação. Mais uma vez, Mary, cheia de entusiasmo, trabalhava com afinco e determinação sem ver o tempo passar. Um enorme impulso de energia surgiu dentro dela.

A vida, porém, ainda não desistira de testá-la. Um mês antes de abrir as portas da sua empresa, seu marido sofreu um ataque cardíaco e faleceu. De novo, ela se viu sozinha, desolada, sem dinheiro e com as esperanças enfraquecidas.

Mas Mary não desistiu. Determinada, procurou um de seus filhos, Richard. Embora ele tivesse apenas vinte anos, ela o convidou para ser sócio da companhia. E numa sexta-feira, 13, naquele mesmo ano, com um kit de cinco produtos e nove consultoras, a Beauty by Mary Kay, que mais tarde passaria a se chamar Mary Kay Inc., abriu as portas.

Passaram-se cinquenta e cinco anos. Hoje, a Mary Kay Inc. é a sexta maior companhia de vendas diretas do mundo. Sua força de vendas possui 2,8 milhões de representantes espalhados por mais de quarenta países onde atua. Recentemente, foi considerada pela revista *Fortune* uma das cem melhores corporações americanas para se trabalhar, e uma das dez melhores companhias para mulheres trabalharem.

E Mary Kay Ash? Mesmo frustrada e decepcionada aos quarenta e cinco anos, sem grandes perspectivas para o futuro, tornou-se um dos maiores símbolos do empreendedorismo mundial. Em 1999, dois anos antes de sua morte, ela foi eleita a mulher mais notável do século xx pela Lifetime Television. Apesar de nunca ter concluído um curso superior, seu estilo de liderança e gerenciamento ainda hoje é estudado em inúmeras universidades importantes do planeta. Como ela conseguiu essa transformação?

8.

Aos vinte e sete anos, Mary Kay, sozinha, com três crianças, sem educação formal e nenhum tipo de especialização num mundo dominado pela força de trabalho masculina, estava diante de um contexto histórico e cultural sobre o qual não tinha influência alguma. Essa era uma situação real e que, naquele momento, era seu destino. Naquele ano, 1945, milhares de mulheres perderam seus empregos para homens que retornaram da guerra. Essa era a situação. Contudo, mesmo diante de todas as desvantagens que a situação lhe impunha, ela tinha uma série de opções reais sobre as quais continuava tendo absoluto poder de escolha. Em outras palavras, Mary não tinha poder sobre a situação, mas tinha poder sobre a maneira de reagir a essa situação.

Vamos testar essa ideia com dois exemplos extraídos de sua biografia. Em 1949, quando ainda era uma novata no setor de vendas, em um dos primeiros seminários da companhia para qual trabalhava, ela esperou três horas na fila para cumprimentar o presidente da empresa. Empolgada em conhecê-lo, ela preparara algumas palavras que desejava dizer. Quando, enfim, chegou perto dele, ele mal a notou; deu-lhe apenas um "Oi", enquanto conversava com um de seus subordinados. Estava desconcentrado e ocupado demais para dar atenção àqueles que tinham ficado um longo tempo na fila só para cumprimentá-lo. Mary Kay nem mesmo teve a chance de lhe dizer as palavras que preparara. E como ela reagiu a isso? "Esse momento teve um enorme impacto na minha vida. Aprendi naquele dia uma lição: não importa o quanto estejamos ocupados, precisamos colocar o outro sempre em primeiro lugar. Dar-lhe a importância que ele merece", afirmou.

Naquele dia, Mary Kay assumiu um compromisso consigo mesma: olharia para todas as pessoas como se elas tivessem uma faixa na testa dizendo "Eu sou importante". Esse era seu poder de escolha. Ela não podia mudar a situação nem tinha poder sobre as atitudes do diretor, mas tinha o poder de decidir como reagiria a tudo isso.

Em outra ocasião, ela e um grupo de cinquenta e sete vendedoras saíram do Texas rumo a Massachusetts — um percurso de 2.900 quilômetros — para participar de um seminário da empresa. Naquela época, 1950, ônibus e estradas não ofereciam o conforto de hoje. Entre ida e volta, a viagem durou dez dias. O ônibus quebrou inúmeras vezes; mesmo assim, elas seguiram entusiasmadas, porque o presidente da companhia iria recebê-las para um chá em sua casa.

Quando, enfim, chegaram a Massachusetts, foram levadas para um passeio pela planta industrial da companhia. Mas ninguém tocava no assunto do chá na casa do presidente. Frustradas, elas comentaram o fato de que teriam sido comunicadas de que o presidente as receberia em sua residência. Na empresa, ninguém parecia saber de nada. Por fim, como consolo, foram levadas para ver a mansão onde ele morava — mas tiveram que observá-la do jardim. No dia seguinte, teve início sua peregrinação de volta ao Texas. "Foi um retorno silencioso, triste, uma viagem frustrante", Mary revelou.

Mais tarde, quando se tornou proprietária da sua própria empresa, toda vez que realizava um seminário, Mary Kay fazia questão de convidar todas as vendedoras para visitar sua residência. Durante a visita, servia chá com biscoitos que ela mesma fazia. Esses encontros chegavam a reunir até quatrocentas pessoas. Mesmo assim, Mary dava um jeito de dividi-las em grupos menores e as recebia em sua casa.

O que tudo isso nos diz? Primeiro, mostra que Mary Kay era brilhante, calorosa e determinada. Seu carisma era irresistível. Mas será que ela nasceu assim? Difícil saber. Sua história, porém, nos mostra indícios de que não. Em cada detalhe, parece estar claro que Mary passou a vida inteira construindo o tipo de pessoa que ela queria ser. E ela só conseguiu realizar seus desejos quando despertou o que tinha de melhor. O que também explica, de certa forma, como Mary ultrapassou todos os seus limites.

No entanto, há um aspecto ainda mais intrigante nessa história, que nos mostra que foram as próprias desvantagens que Mary Kay enfrentou na vida que despertaram o que ela tinha de melhor e moldaram seu sucesso. Em vez de os obstáculos a abaterem, eles a estimularam a lutar ainda mais fervorosamente pelo que queria. O destino e o acaso criaram as circunstâncias, e Mary Kay agiu sobre elas de uma maneira que a levou a colher os frutos que buscava.

Então, o que podemos concluir disso tudo? Que não é o destino ou o acaso o que determina a maneira como nos relacionamos com as circunstâncias, que define nossos resultados, mas sim o nosso modo de pensar. Isso nos traz para um ponto importante: o que define o nosso modo de pensar?

CAPÍTULO 4

O CÍRCULO VICIOSO DA MENTE

"O poder não é algo que nos é dado. É preciso assumi-lo."

BEYONCÉ
CANTORA E ATRIZ

1.

Nick Leeson nasceu em Watford, nas redondezas de Londres, em 1967. Na infância, ele sempre se destacou em tudo. Mal saíra da adolescência e já era considerado um gênio das finanças. Quando completou vinte anos, vários bancos ingleses já o cobiçavam em sua equipe. Sua mente privilegiada e sua perspicácia em negócios fizeram sua vida profissional evoluir aos saltos.

Nick iniciou a carreira em junho de 1987, no Morgan Stanley. Dois anos depois, tentado por uma proposta mais promissora, fechou um contrato com o Barings Bank, um dos bancos mais tradicionais e conceituados da Inglaterra, e um dos mais antigos do mundo. Nick cresceu rápido na instituição. Em 1992, dois meses após completar vinte e cinco anos, foi promovido para o cobiçado posto de operador do Barings Bank no Singapore International Monetary Exchange, em Singapura. A função de Nick era especular no mercado de futuros da região, uma das mais ricas do planeta.

No primeiro ano na nova função, Nick realizou uma série de operações que renderam 10 milhões de libras ao Barings. Naquele ano, sozinho, o jovem gênio gerou 10% dos lucros gerais do banco, uma façanha raramente alcançada por um único indivíduo. Recém-casado, vivia num belo apartamento, tinha um excelente salário e era cada vez mais respeitado no banco. Sua vida parecia perfeita.

No ano seguinte, Kim Wong, assessora de Nick, cometeu um equívoco. Nick lhe dissera para comprar vinte contratos, e, confusa com a pressão no balcão de negócios, ela, ao contrário, acabou vendendo-os. O erro não era insignificante: representava um prejuízo de US$ 32 mil. "Enfiei o rosto entre as mãos e pensei naquele momento: 'Como essa idiota pôde cometer um erro tão estúpido?! Ah, que se dane! Isso tudo é culpa do diretor do banco, que não quer pagar por um profissional competente'."

Para não manchar sua reputação, Nick decidiu cobrir o prejuízo sem comunicá-lo ao banco. Para isso, usou uma estratégia conhecida como "conta de erro". Em alguns casos, os bancos de investimento usam esse recurso para corrigir erros de negociação. Nick criou uma conta de erro e omitiu o prejuízo. Então, algo estranho aconteceu. Semanas depois, o próprio Nick cometeu uma série de erros de especulação. Agora, os prejuízos já eram mais significativos. E assim como fizera no caso de Kim, ele decidiu não relatar as perdas ao banco. Simplesmente escondeu-os na conta de erro.

Nos meses seguintes, os equívocos se repetiam. Aos poucos, tornaram-se rotina. E toda vez que um investimento não saía de acordo e causava algum prejuízo, Nick omitia as perdas. Sem incluir seus investimentos malsucedidos nos balanços, ele parecia ganhar muito dinheiro. Em paralelo, a confiança do banco em Nick também crescia. Com base nessa confiança, o banco permitiu que ele acumulasse, ao mesmo tempo, os cargos de operador-chefe e de operador-comum, postos que costumam ser ocupados por duas pessoas, onde uma aconselha e supervisiona a outra. Nick, ao contrário, agia sozinho.

Com tanta liberdade, e no desespero de se livrar dos prejuízos que omitia na conta de erro, Nick sentiu-se cada vez mais atraído pelas especulações de risco. Era como se ele estivesse a uma mesa de cassino tentando recuperar desesperado uma fortuna perdida no próprio cassino. Tratava-se de suicídio financeiro.

Um ano depois do erro de Kim Wong, o prejuízo que Nick escondia na conta de erro já somava US$ 340 milhões. Quando finalmente o Barings começou a suspeitar das atitudes de Nick, no ano seguinte, já era tarde demais. O valor omitido na conta de erro havia chegado a US$ 1,3 bilhão.

O Barings Bank, uma instituição segura, respeitada e tradicional, que vinha operando com sucesso por mais de duzentos e trinta anos, estava falido. E nos meses seguintes, acabou incorporado pelo ING, pelo valor simbólico de uma libra.

Nick Leeson, o jovem prodígio do mundo financeiro inglês que, sozinho, levara à completa ruína uma das instituições financeiras mais tradicionais da Inglaterra, foi preso, julgado e condenado a seis anos e meio de prisão.

2.

Desde os tempos dos filósofos gregos, o homem tem se empenhado em compreender como o cérebro cria e processa o pensamento. Uma coisa que sempre pareceu certa foi a ideia de que o cérebro é um sistema composto por vários "subsistemas". Contudo, apenas há pouco tempo a ciência começou a compreender a biologia e a estrutura cognitiva desses sistemas.

Hoje, existe praticamente um consenso entre inúmeros pesquisadores em torno do conceito de que o funcionamento do cérebro pode ser compreendido através de dois modelos de estrutura cognitiva. Um é conhecido como *sistema automático*. O outro, como *sistema controlado*.

Para entender as principais diferenças entre esses dois sistemas, olhe a imagem a seguir.

Assim que você bate o olho nela, uma série de revelações se manifesta de forma automática em sua mente. Você sabe na hora que a imagem é um avião. Que ele é de passageiros e que está parado. Talvez até mesmo saiba seu modelo e outras especificações, como para o que ele é usado e onde provavelmente se encontra.

Tudo isso vem à sua mente de forma involuntária. Não há necessidade de esforço mental. Você não precisa escolher pensar ou refletir sobre a imagem para chegar a essas conclusões. Elas saltam a sua mente mesmo sem que você queira.

Esse tipo de pensamento rápido, que acontece de forma autônoma, como um reflexo mecânico da mente, sem o envolvimento de esforço, é resultado do sistema automático.

Agora, tente resolver a seguinte questão:

> Durante o dia, um caramujo sobe cinco metros em um poste de vinte metros de altura e escorrega dois metros durante a noite. Em quantos dias ele atingirá o topo do poste?*

Conseguiu? Ao contrário da imagem do avião, é bem provável que a solução desse problema não tenha vindo de forma automática. Mas você sabe que, se pensar um pouco, será possível encontrá-la. No entanto, para isso, terá que resolver a questão, o que na certa exigirá que você pare o que está fazendo e se concentre no problema. Você terá que resgatar da memória uma série de passos e regras e segui-la até encontrar a resposta. Dependendo da sua habilidade matemática, talvez precise de lápis e papel.

Esse tipo de pensamento, que exige foco, concentração e esforço mental, é uma operação do sistema controlado. Ao contrário do sistema automático, que é espontâneo, rápido, superficial e autônomo, o controlado é lento e racional, requer tempo, foco e concentração.

OS DOIS PROCESSO DO PENSAMENTO

AUTOMÁTICO	CONTROLADO
■ É rápido e autônomo	■ É lento e racional
■ É feito de impressões e sentimentos	■ Utiliza-se de processos de análise
■ Não analisa situações	■ Avalia situações e circunstâncias
■ Recorre a respostas programadas	■ Requer foco e concentração
■ Reflete nossas mentalidades	■ Questiona nossas mentalidades

* O caramujo sobe cinco metros diariamente, mas desperdiça dois metros toda noite. Seu aproveitamento diário é de apenas três metros. Mas, no último dia, ele tem aproveitamento total, ou seja: de cinco metros. A resposta é: seis dias.

3.

É preciso, no entanto, tomar alguns cuidados quando pensamos sobre os dois sistemas. O primeiro é não os confundir como entidades distintas do nosso cérebro. Não é aconselhável, por exemplo, buscar compreendê-los em termos freudianos, distinguindo-os entre o nível consciente e o inconsciente. Tampouco confundi-los com razão e emoção, ou mesmo com qualquer outro conceito. Tente simplesmente interpretá-los como duas formas distintas que o cérebro usa para processar nosso pensamento. Uma delas é rápida, ágil e superficial; a outra é gradativa, e exige esforço.

O segundo cuidado é com o modo como esses sistemas se relacionam entre si. É importante entender que, embora difiram entre si, eles agem ao mesmo tempo, são interligados e se completam. E por último, tenha em mente que não há nada errado com nenhum deles. Pelo contrário, eles são recursos necessários para viabilizar a funcionalidade do cérebro. É impossível agir de modo controlado o tempo todo. Da mesma forma, não há como desligar permanentemente o sistema automático.

Existe uma maneira bem simples de entender como eles se formam e como agem entre si. Imagine-se numa cabana no meio de uma floresta à qual você chegou saltando de paraquedas, de um helicóptero. Você sabe que há uma vila próxima da cabana, mas não existe nenhuma conexão entre a cabana e a vila.

Suponha que você decida ir até a vila. O que fazer? Na sua primeira ida, teria que abrir um caminho. E como está no meio da floresta, sem dúvida precisaria de uma ferramenta para derrubar a mata e limpar a trilha por onde passaria. Nesse caso, levaria muitas horas até você cruzar a floresta. A energia e o esforço utilizados seriam grandes, mas você chega lá.

Na hora de retornar à cabana, decerto você não optaria por abrir um segundo caminho. Para economizar energia e tempo, é bem provável que utilizasse o mesmo trajeto percorrido antes. E mais: desse dia em diante, sempre que fosse até a vila, você seguiria o mesmo caminho. Dez anos depois da sua primeira viagem, se houvesse uma estrada maior ligando sua cabana e a vila, é bem provável que essa estrada tivesse como base o caminho percorrido por você.

Os dois modos de pensamento funcionam exatamente assim. Cada vez que você deparar com uma situação complexa ou nova, seu cérebro usará o sistema controlado para abrir um caminho novo. Mas, uma vez que esse caminho estiver aberto, haverá uma grande chance de o sistema automático passar a assumir o controle e, a partir de então, agir sozinho, percorrendo sempre o caminho já existente.

Quando a assessora de Nick, por exemplo, cometeu um erro que resultou num prejuízo de US\$ 32 mil, Nick se viu diante de uma situação nova. Ele estava, digamos, isolado na cabana no meio da floresta. Para chegar à solução, teve que parar, pensar, refletir e escolher que caminho abrir. Havia várias opções. E, como em geral fazemos, ele escolheu a mais fácil: mascarar o prejuízo escondendo-o numa conta de erro.

Quando, meses depois, ele próprio cometeu um erro que também resultou num prejuízo, o caminho já estava aberto. Era mais fácil simplesmente seguir por ele do que abrir um novo. Isso se repetiu muitas vezes até que, em algum momento, o círculo vicioso criado por Nick se tornou evidente, e o banco descobriu a fraude. Infelizmente, já era tarde demais.

O mesmo processo também é usado pelo cérebro para desenvolver tarefas mais complexas. Tente, por exemplo, lembrar-se de quando você aprendeu a dirigir. No início, todos os movimentos eram lentos e, ao mesmo tempo, quase sempre bruscos. Você precisou pensar para ter certeza de em qual pedal pisar para usar a embreagem ou o freio. Por que isso acontece? Porque dirigir é uma tarefa complexa. Exige o uso de vários comandos ao mesmo tempo. No início do aprendizado, sua mente ainda não havia criado os reflexos necessários para agir de modo automático. Você estava abrindo caminhos. Seus movimentos ainda eram coordenados pelo sistema controlado. E como vimos, ele é lento e cansativo. Requer foco e concentração.

Hoje, após vários anos de prática, você nem mesmo percebe o que faz enquanto conduz o veículo. Dirigir tornou-se um ato mecânico, totalmente executado pelo sistema automático, que é rápido, superficial e autônomo. Tente, porém, estacionar o carro num espaço apertado. A menos que seja um manobrista profissional, na certa você terá dificuldade em fazê-lo sem voltar a atenção total para a atividade. E é bem possível que você a execute devagar, colocando nela esforço e foco.

Por que isso acontece? Porque, nesse caso, o sistema automático entrega, outra vez, a tarefa para o sistema controlado. Porém, se você praticar essa atividade repetidas vezes, com o tempo estacionar em lugares apertados se tornará um processo automático, assim como dirigir, e do mesmo modo você passará a fazê-lo sem sequer pensar nele.

4.

Até aqui, examinamos a origem dos resultados que obtemos na vida. Vimos que eles são uma consequência do nosso modo de pensar, que determina a maneira como lidamos com os eventos, as circunstâncias e o contexto a nossa volta. Concluímos que esse modo de pensar é só nosso. Ele define quem somos.

Determina nossa singularidade. Agora, então, é hora de voltarmos a atenção para o que produz nosso modo de pensar e, consequentemer ce, determina nossa singularidade.

Acredito que, a essa altura, você já tenha percebido que somos, sobretudo, um resultado do processo automático. Isso é absolutamente normal. Não há nada de errado nisso. A função principal do sistema automático é na verdade facilitar a maneira como lidamos com o mundo. Ele faz isso mantendo um modelo cognitivo que facilita a interpretação das situações ao nosso redor. Com o tempo, esse modelo cognitivo se torna um molde mental. Uma vez formado, esse molde tende a determinar automaticamente a interpretação que teremos de situações similares às que o formaram.

O molde mental, portanto, é como o caminho que você abriu entre a cabana e a vila. Uma vez que você tenha uma trilha aberta, toda vez que decidir ir à vila é provável que nem sequer cogite abrir outro caminho — simplesmente seguirá aquele que abriu da primeira vez. Quando, no início do capítulo, lhe mostramos a imagem de um avião e lhe perguntamos o que era, você respondeu sem pensar. A resposta saltou à sua mente de maneira involuntária. Isso só aconteceu porque, em sua mente, já existia um molde mental do avião. No instante em que você viu a imagem, a mente adequou-a ao molde existente. É assim que interpretamos o mundo a nossa volta.

Quando lhe apresentamos a questão do caramujo, a resposta não veio de forma intuitiva. E isso porque não havia um molde adequado na sua mente. Contudo, você tem um molde mental que lhe diz como agir diante de questões como essas. E foi esse molde que determinou sua ação diante da questão. Se agora, por exemplo, alguém lhe fizesse a mesma pergunta, a probabilidade seria de que a resposta pipocasse na sua mente, numa operação realizada pelo sistema automático, porque você criou um molde novo. Assim, a partir de agora, sempre que você deparar com essa questão, o sistema automático usará esse molde para trazer a resposta a sua mente.

Quando criamos um molde mental novo que serve de solução para certo desafio, a busca do sistema controlado por uma alternativa que seja melhor para nós cessa. O comando, então, passa para o sistema automático, que começa a agir involuntariamente, enquanto o controlado, que é um sistema lento, fica inativo. Em outras palavras, o sistema controlado raramente procura outros caminhos por vontade própria. Ele prefere deixar o sistema automático percorrer o caminho já conhecido.

De modo superficial, poderíamos pensar que agir no automático é uma desvantagem. Mas não é. O sistema automático é extremamente necessário. Ele possibilita o funcionamento do nosso cérebro. Imagine como seria sua vida se tudo o que você fizesse exigisse sua concentração absoluta. Se, por exemplo, toda vez que dirigisse até o trabalho você tivesse que usar o mesmo esforço empreendido na primeira vez em que tentou dirigir um veículo, como se sentiria? Você chegaria ao trabalho exausto. Sua vida seria um sofrimento, certo? Por isso, na medida em que você aprende uma atividade, a energia utilizada pelo cérebro para executá-la é reduzida.

Por que isso acontece?

Suponha que lhe pedíssemos para olhar a sua volta por trinta segundos e memorizar todos os objetos vermelhos que conseguisse ver. E quando os trinta segundos expirassem, nós lhe disséssemos para fechar os olhos e relatar todos os objetos **azuis** que você viu. O que aconteceria? Será que você conseguiria se lembrar de pelo menos parte dos que estão a sua volta? Muito difícil. Por quê? Porque o uso da atenção numa tarefa quase sempre nos cega parcial ou totalmente para outra.

Uma pessoa que está focada na solução de um complicado problema de lógica não pode, ao mesmo tempo, assistir à televisão ou conversar com os amigos. Isso acontece porque nossa energia mental tem limite. Qualquer coisa que ocupa o sistema controlado reduz a capacidade de ação do sistema automático. Agora, se você dirige há algum tempo, pode conduzir seu veículo sem grandes dificuldades enquanto discute um tema sério com o passageiro ao lado.

5.

Agora, vamos trabalhar um pouco mais o conceito dos moldes mentais. Para isso, voltemos ao exemplo da cabana no meio da floresta. Imagine que depois de dez anos percorrendo o mesmo caminho, por algum motivo, você se questione se não há como criar um trajeto que o leve mais rápido até a vila. O que você faria? Nesse caso, teria que analisar a topografia da região e se concentrar em traçar um caminho novo. Para tanto, você outra vez precisaria focar nisso e, depois de estudar a topografia e traçar um novo acesso, dispor de uma elevada energia e esforço para abri-lo.

Com o processo de formação do nosso pensamento acontece a mesma coisa. Como o sistema controlado exige muito esforço e energia, ele cria padrões de pensamentos que agem automaticamente. Esses padrões tornam-se moldes mentais. Uma vez definido, o molde mental determina nosso modo de percepção — que é a forma como vemos o mundo ao nosso redor. Essa percepção sempre é definida pelo molde mental. Esse modo de percepção tende a criar sistemas de comportamentos, definindo nosso tipo de ação diante de determinados eventos ou circunstâncias.

Olhando a partir desse ponto, é fácil perceber que são os moldes mentais que determinam as ações do sistema automático. Como isso acontece? Observe a imagem a seguir. Os moldes mentais definem os modos de percepção, que criam sistemas de comportamentos, que, por sua vez, produzem nossos resultados. Estes, por sua vez, irão reafirmar o molde mental que acionou todo o processo, transformando-o num ciclo vicioso. Por isso, uma vez que um molde mental é criado, ele tende a se repetir continuamente, produzindo nossos resultados mais consistentes.

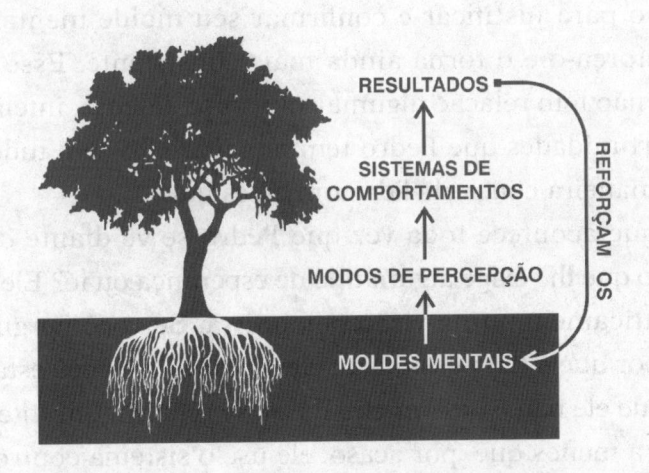

Para facilitar a compreensão desse processo, analisemos um exemplo bem simples. Digamos que Pedro tenha desenvolvido um molde mental conhecido como pessimismo. Uma vez instalado, esse molde mental se tornará um modo de percepção — que funciona como uma lente mental que se interpõe entre Pedro e o mundo. Essa lente mental filtra tudo o que ele vê, determinando como percebe a si e o contexto a sua volta. No caso, ele interpretará o mundo através de um filtro pessimista.

Mesmo sem perceber, Pedro usará essa interpretação para julgar e explicar as coisas ao seu redor. Por isso, essa análise terá um grande impacto em tudo o que Pedro fizer. Na verdade, ela criará um sistema de comportamento adequado a seu modo de percepção. Esse sistema de comportamento determinará suas ações, que, inevitavelmente, criarão seus resultados. Estes, agora, por sua vez, serão usados pelo modo de percepção para confirmar, ainda mais, seu molde mental pessimista.

Em outras palavras, desde o início, o modo de percepção criado pelo molde mental pessimista dizia a Pedro que ele não era capaz. E o que acontece? Afetado por essa percepção, ele, de fato, não se mostrou capaz. Agora, Pedro usa seu resultado negativo para justificar e confirmar seu molde mental. Com isso, reforça-o e o torna ainda mais consistente. Esse molde mental não tem relação alguma com sorte, talento, inteligência ou oportunidades que Pedro tem na vida. Mas tem tudo a ver com a maneira como ele lida com esses fatores.

O que acontece toda vez que Pedro se vê diante de uma situação que lhe exige algum tipo de esperança ou fé? Ele reflete automaticamente uma visão pessimista. Se você perguntar a Pedro por que é tão pessimista, ele lhe dirá que você está enganado, que ele não é pessimista. E isso se repetirá durante a vida inteira, a menos que, por acaso, ele use o sistema controlado e altere esse molde mental.

Uma vez que um molde mental se torne uma lente que filtra e seleciona nossa percepção, não importa o nível de inteligência, o grau de conhecimento ou o tamanho das oportunidades que teremos — nossa tendência natural será agir de acordo com esse molde mental.

Desse modo, Pedro vê a oportunidade extraordinária que aparece e a filtra com seu molde mental pessimista. Seu modo de percepção diz: "Isso é muito bom para ser verdade!". As suspeitas emergem de todos os lados. Ele se sente inseguro. Mesmo assim, embora sem energia e disposição, aceita o desafio. Mas age com pusilanimidade e fracassa. Agora, Pedro Pessimista diz: "Eu sabia que não daria certo!" E assim, ele se reduz cada vez mais. Percebe o padrão que se criou?

6.

Então, o que levou Nick Leeson a fracassar em sua prodigiosa carreira? Está claro que não foi a falta de conhecimento, inteligência, talento, sorte ou oportunidades diferenciadas. Tampouco a falta de discernimento de que aquilo que ele estava fazendo era errado. Veja o que ele disse no seu livro *Rogue Trader* [no Brasil, a obra foi publicada sob o título *A história do homem que levou o Banco Barings à falência*], numa clara confissão de que sabia exatamente o que fazia: "Eu queria subir no terraço do prédio do banco e gritar para o mundo: 'Essa é a minha situação, existem milhões de libras em déficit escondidos na conta de erro, eu preciso parar com isso'. Mas há algo em nós que nos impede de fazê-lo".

Esse tipo de conflito mental é muito mais comum do que poderíamos imaginar. Temos consciência de que aquilo que estamos fazendo não é o melhor para nós, mas, mesmo assim, não conseguimos deixar de fazê-lo. Quando Nick Leeson passou a agir por impulso omitindo os prejuízos, especulando sem considerar os riscos, ele sabia que isso acabaria mal, mas seguiu em frente. Por que isso acontece? Porque, além do sistema automático e controlado, temos autoconsciência, que está acima dos nossos moldes mentais, e que, se estivermos atentos, aponta nossos equívocos. Contudo, se nossos moldes mentais estiverem fortemente arraigados, eles em geral irão se impor à autoconsciência, nos induzindo ao erro.

Observe, por exemplo, os círculos *centrais* das imagens abaixo. Qual deles é o maior?

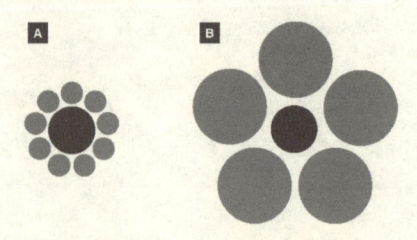

Há grande probabilidade de você achar que o círculo da imagem A é o maior. De fato, ele parece bem maior que o B. Mas não é. Se você medir o diâmetro dos dois, verá que eles têm o mesmo tamanho. O círculo da imagem A apenas parece maior porque está entre círculos menores. E o B parece menor porque está entre círculos maiores.

Esse tipo de equívoco é conhecido como ilusão de óptica: a percepção de imagens que enganam nosso sistema visual e fazem uma coisa parecer o que ela não é. Exatamente a mesma lógica se aplica ao pensamento. Assim como é fácil sermos iludidos por nossa visão ao interpretar uma imagem, também podemos ser enganados pelo pensamento ao interpretar uma circunstância, fato ou contexto.

Imagine, por exemplo, que você queira fazer a assinatura de uma revista impressa. Você entra no site e encontra as seguintes opções:

Opção 1 – Assinatura anual *on-line*: $ 59

Opção 2 – Assinatura anual impressa: $ 125

Opção 3 – Assinatura anual *on-line* e impressa: $ 125

Com qual delas você ficaria? Mesmo querendo apenas a revista impressa, é muito provável que você excluísse a opção 2. Afinal, não faz muito sentido comprar apenas a versão impressa se pelo mesmo valor você pode ter a impressa e a *on-line*. Mesmo que você não costume ler revista na versão digital, se não for pagar por ela, é melhor tê-la do que não. Aliás, por que a opção 2 está aí? Será que, em vez das duas, alguém iria preferir apenas a revista impressa?

Anos atrás, Dan Ariely, professor de economia comportamental do MIT, deparou exatamente com essa questão quando analisou um anúncio da revista inglesa *Economist*. Então, ele decidiu apresentar essas três opções para cem alunos. A ideia era descobrir como eles reagiriam diante da oferta. Veja o que esses estudantes, todos altamente qualificados, escolheram:

Opção 1 – Assinatura anual *on-line* ($ 59): 16 alunos

Opção 2 – Assinatura anual impressa ($ 125): zero aluno

Opção 3 – Assinatura anual *on-line* e impressa ($ 125): 84 alunos

Em seguida, ele fez um novo teste. Já que nenhum dos alunos escolhera a opção 2 (o que era um tanto óbvio), Ariely decidiu excluí-la da oferta. É fácil deduzirmos que o resultado seria o mesmo, visto que as opções escolhidas ainda estavam todas ali, certo?

Ao analisar os resultados, porém, Ariely descobriu algo estranho. Sem a opção 2, as escolhas mudaram completamente. Agora, sessenta e oito alunos decidiram pela opção 1, e apenas trinta e dois, optaram pela versão *on-line* e impressa. O que aconteceu? O que fez esses alunos mudarem de ideia?

Quando a assinatura anual impressa foi incluída no anúncio, os estudantes foram manipulados a comprar algo que eles não queriam. Essa é uma das desvantagens do sistema automático. Ele com frequência nos induz a erros bobos.

Suponha que você estivesse numa loja de cosméticos para comprar seu xampu predileto. Ao consultar o preço, você constata que ele custa R$ 21. Você sabe que a vinte minutos dali, numa loja concorrente, o mesmo xampu está em promoção e custa R$ 10. Nesse exemplo, o que você faria? Pagaria os R$ 21 ou deixaria o produto na prateleira e iria até a outra loja comprá-lo por R$ 10? Não é difícil imaginar que a maioria de nós colocaria o xampu de volta na prateleira e encontraria um jeito de ir adquiri-lo na loja concorrente. Afinal, trata-se de uma economia de R$ 11.

Agora, suponha que você estivesse numa loja para comprar um laptop, e, depois de olhar um pouco, encontra o modelo e a marca que procurava, que custa R$ 3.450. Você está praticamente convencido a levá-lo quando encontra seu primo, que pretende adquirir um aparelho similar, e lhe conta que na loja concorrente, que fica a vinte minutos dali, o mesmo laptop custa R$ 3.439. Exatamente R$ 11 a menos. Nesse caso, o que você faria? Deixaria de levar o laptop e iria até a outra loja para economizar os R$ 11? É bem provável que não, pois a diferença de preços entre ambas as lojas é muito pequena, tendo em vista o preço do laptop. No entanto, a diferença no preço do laptop é a mesma do xampu. Se em ambos os produtos economizaríamos R$ 11, por que teríamos ido até a outra loja comprar o xampu, mas não faríamos o mesmo no caso do laptop? Porque fomos iludidos pela nossa mente.

Da mesma forma, ao escolher a princípio a assinatura da revista *on-line* e impressa por US$ 125, os estudantes acreditaram que estavam fazendo uma escolha racional. Porém, bastou remover um dado aparentemente insignificante que suas escolhas mudaram de forma radical. Isto é, eles estavam sendo enganados pela lógica sem perceber.

E quais as consequências disso? A todo momento, fazemos julgamentos equivocados que nos afastam das mudanças que melhorariam nossa vida. Em outras palavras, a impressão que temos é de que vemos e percebemos as coisas exatamente como elas são. Mas o que os exemplos que vimos neste capítulo mostram? Que não é assim. Vemos o mundo de acordo com a maneira como fomos condicionados a vê-lo pelos nossos moldes mentais.

Acredite ou não, se tivermos os moldes mentais errados, o nível de inteligência não importa muito. A impressão que teremos das coisas será distorcida pelos modos de percepção criados por esses moldes. O que isso quer dizer é que quando criamos um modo de percepção a partir de um molde mental, fechamo-nos para qualquer alternativa contrária. Passamos a acreditar que nossa realidade é a única possível. Nesse caso, passamos a nos orientar por essas convicções. Isso, como já vimos, explica o processo cíclico dos problemas e obstáculos que encontramos no nosso dia a dia. Não há como mudar nossos resultados sem mudar os moldes mentais que os criaram.

Quando Nick Leeson omitiu o primeiro prejuízo na conta de erro, ele não tinha a intenção de repetir essa ação. Decerto ele não pensou: "Vou fazer isso até provocar a falência do banco e parar na cadeia". Ele cometeu esses erros porque, aparentemente, essa era uma alternativa fácil e prática de solucionar o problema. Quando essa opção foi utilizada uma vez, ela abriu um precedente. A partir de então, tornou-se uma saída fácil e prática para solucionar problemas similares. O círculo vicioso estava formado. Quando o mesmo problema apareceu pela segunda vez, a primeira coisa que ocorreu a Nick foi a solução anterior. Ela estava lá, pronta, e de imediato foi oferecida pelo sistema automático como a solução mais simples.

Uma vez estabelecido, um círculo vicioso sempre tende a se repetir e, com isso, se fortalecer. No caso de Nick Leeson, tudo começou com uma decisão errada em função de US\$ 32 mil, meros trocados para um gigante das finanças de Singapura. Essa decisão errada criou um modo de pensar. Cada decisão que ele tomou dentro desse modo de pensar levou-o a fortalecê-lo, até que se tornou um molde mental. A partir disso, o molde mental passou a ser um sistema automático que levou Nick cada vez mais ao caminho do engano. Quanto mais o prejuízo aumentava, mais difícil se tornava voltar atrás.

Por fim, ele se viu forçado a mentir mais uma vez para encobrir as mentiras anteriores. Teve que forjar documentos, enganar auditores e falsificar extratos e relatórios para ocultar as perdas. Sem dúvida, Nick sabia que aquilo iria acabar mal; mesmo assim, não teve forças para mudar o rumo. E por que agimos assim? A resposta é simples: uma vez instalado, um molde mental tende a criar uma ilusão cognitiva que pode nos cegar completamente para caminhos alternativos.

Considere, por exemplo, a passividade de grande parte das pessoas com a corrupção na política. Qual a justificativa que costumamos apresentar para aceitar a corrupção? Dizemos que sempre foi assim, que todos os governos são corruptos. Uma vez que formamos esse tipo de molde mental, torna-se mais fácil incorrer sempre no mesmo erro e aceitá-lo como normal. Assim, nada muda.

Mas isso, é óbvio, não quer dizer que não podemos mudar. Apenas nos revela que a mudança é um fator subjetivo. Depende apenas de nós — da vontade e da capacidade de quebrar os moldes que nos fazem ser quem somos. E como fazê-lo? É isso o que você verá nos próximos capítulos.

7.

Quando Mary Kay Ash, de repente, aos quarenta e cinco anos, viu-se sem economias, sem trabalho e frustrada com os resultados que alcançara até então, sentindo-se insegura em relação ao futuro, começou a usar o sistema controlado. Através de um trabalho mental lento e focado, ela implantou novos moldes mentais, que criaram modos de percepção novos, que originaram novos sistemas de comportamento. Esse processo provocou uma verdadeira reviravolta em sua vida.

Muitos, talvez, dirão que tudo foi sorte. Mas isso não faz sentido. Mary Kay tinha outras opções. Sendo a vendedora experiente que era, o caminho natural seria buscar uma nova colocação no mercado como gerente de vendas. Ela poderia treinar novos vendedores que assumissem novos cargos de liderança. Esse havia sido o caminho que ela abrira para si e que trilhou durante toda sua carreira. No entanto, Mary estudou o mapa da sua vida e resolveu abrir um caminho novo. Revisitou suas expectativas, seus planos e criou filtros adequados para enxergar melhor o rumo que queria seguir. E isso fez toda a diferença.

Qualquer pessoa pode fazer isso. Todos temos essa capacidade. Mas é preciso entender que o sistema controlado quase nunca interfere espontaneamente nas sugestões do sistema automático. Essa é uma iniciativa que nós precisamos tomar de modo deliberado. Nick Leeson, por exemplo, poderia ter usado o sistema controlado e interferido na sugestão do sistema automático, alterando, assim, o curso das suas decisões. No entanto, isso exigiria um esforço para quebrar um molde mental já em processo de formação, ou talvez, já formado. E nem sempre isso nos parece uma opção clara.

Portanto, a que conclusão podemos chegar? Há quatro lições essenciais aqui. A primeira nos diz que é importante notar que os nossos resultados são um produto direto do sistema automático. A segunda, que o sistema automático utiliza nossos moldes mentais como modelos para operar e criar respostas rápidas para as situações que se apresentam no nosso caminho.

A terceira lição, e talvez a mais importante, revela que, se nosso sistema automático estiver programado para o sucesso, nós alcançaremos o sucesso. Se ele estiver configurado para o fracasso, alcançaremos o fracasso. Não há como escapar disso. Afinal, é o sistema automático que, na maior parte do tempo, define nossas escolhas e decisões.

E a quarta lição mostra que o sistema automático é necessário para o cérebro funcionar e interagir com o meio. Por isso, a solução não é evitá-lo e tornar-se controlado o tempo todo. Se quisermos alterar nossos resultados, precisamos desenvolver moldes mentais adequados aos resultados que almejamos. Como? Siga conosco.

PARTE II

INTELIGÊNCIA PRÁTICA

Uma estratégia singular para
interpretar o mundo de modo correto e
obter o que você deseja.

CAPÍTULO 5

A ADVERSIDADE DESEJADA

"As mudanças pessoais mais radicais acontecem depois das piores experiências. Só em face a uma dor intensa nos dispomos a reavaliar nossos valores e examinar nossas falhas."

MARK MANSON
ESCRITOR

1.

Em seus tempos de aluno da faculdade de administração, Nolan Archibald tinha dois sonhos. Um era jogar basquete para um time da NBA — a poderosa liga americana. O outro, tornar-se o presidente de uma das companhias listadas na Fortune 500 — a famosa lista das quinhentas maiores empresas do mundo. Nolan nunca se tornou um jogador da NBA, embora tenha chegado bem perto disso. Restava-lhe apenas a segunda opção: tornar-se um executivo de sucesso no mundo corporativo.

Ao concluir a faculdade, enquanto seus colegas preenchiam currículos e corriam desesperados atrás de um emprego bem remunerado, Nolan decidiu seguir por outro caminho: tirou algumas semanas para pensar. Ele queria, antes de buscar uma colocação, certificar-se de qual a melhor estratégia para alcançar seu propósito. "É preciso ter um plano", ele disse à revista *Fortune*. "Eu acredito no pensamento estratégico. Você analisa a situação, determina quais são os pontos fortes e quais são os pontos fracos, e depois elabora um plano para fortalecer os fortes e corrigir os fracos."

Após ponderar por algumas semanas, Nolan seguiu um plano ousado e incomum. Ao contrário do que se poderia esperar de um recém-graduado com sonhos de escalar a escada do sucesso, ele decidiu, num primeiro momento, não se concentrar no caminho que o levasse direto a seu objetivo. Sua estratégia foi outra: primeiro, iria procurar uma série de trabalhos que lhe oferecessem a oportunidade de desenvolver suas habilidades. Nolan queria aprimorar seus pontos fortes para que, quando surgisse a oportunidade de ocupar o cargo com o qual sonhava, estivesse preparado. "Minhas decisões ao longo da vida raramente foram baseadas no retorno financeiro ou no prestígio que um cargo pudesse me dar. Sempre me foquei na oportunidade de desenvolver minhas habilidades", disse.

Quais resultados Nolan obteve? Sua estratégia deu certo? Durante alguns anos, ele ocupou cargos considerados secundários, como administrador de uma mina de amianto no Canadá. Por que ele fazia isso? Porque acreditava que liderar pessoas em situações extremas era uma experiência necessária para qualquer líder.

Em 1985, com quarenta e dois anos, ele foi convidado para ocupar um cargo de direção na Black & Decker, empresa líder no mercado de ferramentas em pelo menos uma dezena de países, com uma receita de US$ 11,4 bilhões. Mas Nolan queria mais. Ele disse que só aceitaria o convite com uma condição: queria ser o presidente da companhia. No desenrolar das negociações, Nolan foi informado de que havia uma série de entraves que o impediam de assumir esse posto naquele momento. Porém, talvez dentro de quatro ou cinco anos essa oportunidade aparecesse. Ele ficou satisfeito. E assim, aceitou o cargo.

No entanto, não permaneceu nele por muito tempo. Seis meses depois, Nolan foi convidado para assumir a presidência da Black & Decker, tornando-se a pessoa mais nova da história a ocupar o cargo de CEO numa empresa da lista da Fortune 500. Nolan permaneceu no cargo por vinte e quatro anos, e transformou a empresa numa potência global. Mas não foi só isso. Recentemente, a revista *Business Week* considerou Nolan um dos seis melhores líderes empresariais dos Estados Unidos. Numa outra avaliação, da *Fortune*, ele aparece como um dos dez executivos mais cobiçados por empresas americanas.

Por que Nolan Archibald se tornou exatamente o que determinara quando ainda estava na faculdade? A resposta parece ser uma soma de fatores. Por um lado, Nolan é um homem de exuberância e persuasão incomuns. Ele tem dois metros de altura, olhos azuis e um sorriso firme e sólido. Sua fisionomia e estilo são daquelas que a gente só vê nessas raras figuras que impõem uma autoridade natural e que gostamos de seguir. Ele toca as pessoas. E convence. Nolan é um líder clássico.

Por outro lado, há o fato de ele ter tido as oportunidades certas. Nolan nasceu e cresceu numa família bem estruturada. Foi educado e disciplinado numa comunidade religiosa que lhe deu todo tipo de suporte, e teve a oportunidade de estudar nas melhores universidades americanas. E tudo isso, apesar de não ser garantia para o sucesso, conta muito.

Contudo, existe aqui um terceiro elemento, mais interessante, que tem a ver com a determinação de se focar no cultivo das habilidades necessárias para realizar aquilo a que ele se propôs. Em outras palavras, o sucesso de Nolan é um tributo à determinação. Mais especificamente, é testemunho do poder de um aspecto particular da determinação, que é o papel crítico que o foco e a consistência têm no desenvolvimento do poder pessoal que produz o desempenho extraordinário.

2.

De certo modo, essa é uma observação bastante óbvia. Qualquer pessoa que entenda um pouco de esportes, por exemplo, sabe que quanto mais um atleta se prepara, melhor será seu desempenho. Michael Jordan tornou-se um dos maiores atletas de todos os tempos porque treinava por muitas horas a fio todos os dias. Antes da prática regular do time, ele costumava treinar por duas ou três horas em casa. Com o passar do tempo, vendo o desempenho de Jordan, outro jogador, Scottie Pippen, se juntou a ele. E logo, a maior parte da equipe seguiu o exemplo de Pippen. Através de pura determinação, foco e consistência, o Chicago Bulls daquela época tornou-se uma das melhores equipes da NBA da história.

É como o ator americano Will Smith disse numa entrevista: "A única coisa que considero nitidamente diferente em mim é que não tenho medo de morrer me esforçando. Ninguém jamais trabalhará mais que eu. Você pode ter mais talento que eu, ser mais inteligente que eu, ser mais atraente que eu; pode ser melhor que eu em tudo isso. Mas se entrarmos na esteira juntos para correr, das duas, uma: ou você para primeiro ou eu morro. Simples assim. Você jamais se esforçará mais do que eu".

A determinação é um elemento especial. Quando ela está presente, todas as demais competências podem ser facilmente desenvolvidas. Mas sem ela, mesmo que você tenha talento, inteligência, conhecimento ou criatividade, lhe faltará o atributo necessário para dar vida a essas habilidades. Michael Jordan, Mary Kay Ash, Sara Blakely e Nolan Archibald, por exemplo, se tornaram aquilo pelo qual os conhecemos hoje através da determinação. Sem ela, mesmo tendo todas as virtudes necessárias, eles não teriam alcançado os resultados que obtiveram. Se Jordan fosse preguiçoso e desleixado nos treinos, mesmo ele, com todas as suas habilidades, não teria conseguido o sucesso que alcançou. A determinação, portanto, é um fator crítico para o sucesso. E se estamos interessados em compreender o que cria o desempenho extraordinário, precisamos investigar o porquê de certas pessoas serem determinadas e outras não.

Ao longo deste livro, mostramos por que é um equívoco acreditar que pessoas com desempenhos extraordinários nascem dotadas de talentos excepcionais, oportunidades diferenciadas, vantagens ocultas ou uma inteligência fora do comum. Comprovamos de várias formas que a ideia de que alguns nascem com atributos superiores e outros inferiores, e que os primeiros sempre se dão bem enquanto os outros sempre se dão mal, precisa ser abandonada. Argumentamos que, na essência, todos possuem pontos fortes e fracos, vantagens e desvantagens. Por isso, antes de tudo, somos todos iguais. A única coisa que realmente diferencia uns dos outros, que torna alguns singulares e outros não, é o modo de pensar. Ou seja, a mentalidade.

Neste capítulo, iremos além. Mostraremos que tornar-se uma pessoa de destaque não requer talento ou inteligência maior do que aquela que você já possui. O que falta é, talvez, buscar o tipo de desafios e experiências capazes de desenvolver suas habilidades. Como? Continue lendo. Nos capítulos a seguir, como fizemos até aqui, vamos eliminar inúmeros mitos que se criaram ao longo dos anos sobre disciplina, determinação, força de vontade e persistência. Você verá que todas essas características têm um ponto de origem em comum: habilidade natural. Toda determinação, força de propósito e disciplina são frutos da escolha de trabalhar em uma atividade que nos motiva naturalmente. Por quê? Porque isso desenvolve em nós uma característica conhecida como inteligência prática.

Olhe para seus amigos, familiares, vizinhos e colegas de trabalho. Você conhece alguém que se tornou bem-sucedido ao mesmo tempo que estava desmotivado, sem empolgação, perdido, sem senso de direção? Você deve concordar que essa é uma situação pouco provável. Por isso, sentir-se desconectado e infeliz com o trabalho pode ser um alerta de que precisamos mudar. Ou um sinal de que nossas funções diárias estão desalinhadas com nosso talento natural.

Um dos problemas é que, quando os esforços diários se tornam rotineiros, chatos e previsíveis, deixamos de aprender com as experiências. Sem desafios ou oportunidades para aprender, a vida profissional perde a empolgação. Sem empolgação, nós nos sentimos desmotivados. Qualquer coisa que façamos nos esgota facilmente. E é aí que começam os problemas. Passamos a comer mais, a ficar mais tempo na frente da televisão, a buscar alternativas, como bebida, cigarro, bares. Nós nos tornamos cínicos, pessimistas e deprimidos.

3.

Décadas atrás, Curt Richter, cientista e pesquisador da Universidade Johns Hopkins, em Maryland, nos Estados Unidos, realizou uma série de experiências para estudar o efeito que a temperatura da água exercia na resistência física de ratos. Richter e seus colegas isolaram dezenas de ratos de laboratório em jarros de vidro e depois encheram os jarros com água. As paredes dos jarros eram altas e escorregadias, o que impedia os ratos de subirem. Para medir a resistência, obviamente, era preciso manter os ratos nadando. Richter e sua equipe prepararam pequenas mangueiras que jogavam jatos de água sobre os ratos sempre que, em vez de nadar, eles tentavam ficar boiando na água. Assim, as cobaias tinham duas opções: agitar-se para se manter na superfície ou desistir e morrer afogadas. Com um cronômetro em mãos, a equipe observava o tempo que cada um dos ratos nadava antes de se entregar e morrer afogado.

Os pesquisadores logo descobriram algo surpreendente e provocador: mesmo que a temperatura da água fosse a mesma, e os ratos tivessem a mesma idade e aptidão física, eles apresentavam variações inexplicáveis quanto a resistência. Alguns nadavam sem parar por quase sessenta horas antes de se entregar à exaustão. Outros, após quinze minutos, simplesmente desistiam e se entregavam, afogando-se.

Richter e sua equipe ficaram perplexos. O que distinguia aquele tipo de comportamento? Não seria natural que aqueles ratos, por instinto, nadassem durante um tempo similar antes de se entregar? O que poderia explicar essa significativa disparidade no desempenho daqueles roedores?

Richter decidiu, então, realizar uma nova experiência. Nela, utilizou os mesmos métodos usados anteriormente, porém, evitando que os ratos se afogassem. Assim que eles demonstravam os primeiros sinais de desistência, Richter os resgatava e colocava de volta nas gaiolas. Minutos depois, ele repetia o processo, colocando-os outra vez na água até demonstrarem sinais de renúncia, e então os resgatava outra vez e os recolocava nas gaiolas.

Mais tarde, depois de repetirem o processo por certo tempo, quando os ratos já pareciam acostumados ao resgate, eles foram colocados de forma definitiva nos jarros com água. O resultado foi impressionante: agora, todos nadavam em média cerca de sessenta horas antes de se entregar e morrer afogados.

O que isso significa? Há duas lições importantes aqui. Primeiro, esse experimento nos mostra que, mesmo quando se trata de animais, se existe uma esperança ou uma expectativa clara de que podem ser salvos, sua força de vontade os levará a tentar até o limite máximo de suas forças. Mas existe outra lição, igualmente importante: as cobaias não resistiram em função da sua capacidade física ou do seu instinto natural, mas em consequência daquilo que as experiências anteriores lhes haviam ensinado. Aqueles ratos que mostravam mais resistência, de alguma forma, tinham passado por experiências que lhes proporcionavam um instinto de esperança maior de sobrevivência que os outros. E, por isso, davam o máximo de si.

Assim sendo, o experimento de Richter apresenta grandes implicações para compreendermos como a determinação se forma em nossa vida. Primeiro, ele nos mostra que, quando temos uma visão clara de aonde queremos chegar, e se acreditamos que é possível, nossas forças se multiplicam.

A segunda implicação é que se enfrentarmos um problema com determinação e o resolvermos, nossas forças aumentam, e nosso poder de enfrentamento será maior na próxima vez que tivermos um obstáculo similar diante de nós. Tudo depende, então, do modo como agimos com as adversidades. E isso nos leva a crer que existe um certo tipo de adversidade que pode ser considerada como uma "adversidade desejada." Quando ela surge, e se a enfrentarmos, ela nos torna muito mais fortes.

4.

Você já se perguntou por que muitas vezes desistimos de nossos planos e projetos? Em parte, é por causa das adversidades que encontramos, situações imprevistas que efetivamente ocorrem ao longo do caminho que dificultam a realização do que queremos. E diante dessa adversidade, em certos momentos, acabamos por desistir.

Também largamos muita coisa por conta dos fracassos. Essa é a segunda causa. São os tropeços e as quedas que sofremos. Enquanto as adversidades são apenas uma ameaça, os fracassos são reais, e por isso, muito mais frustrantes e dolorosos. O terceiro motivo é a estagnação. Agimos por tempo demais sem avanços visíveis. Aos poucos, nós nos desmotivamos, jogamos a toalha e abrimos mão.

Os psicólogos chamam esses fatores — adversidades, fracassos e estagnação — de as três barreiras da realização. E elas ajudam a explicar por que a determinação é tão importante.

Pense no seguinte: durante a maior parte da sua vida, você passará entre oito a dez horas diárias no seu ambiente de trabalho. Qual será sua chance de ser bem-sucedido se esse trabalho lhe passar um sentimento de alienação? Se ele for frustrante ou fizer com que se sinta perdido e desconectado da percepção que você tem de si mesmo e do seu talento natural?

É por isso que uma das características comuns nas pessoas determinadas é o desenvolvimento de uma carreira que envolve seu talento natural. Lembre-se do que disse Nolan Archibald: "Minhas decisões ao longo da vida raramente foram baseadas no retorno financeiro ou no prestígio que um cargo pudesse me dar". No entanto, isso apenas explica o que ele não fez. E o que foi que ele fez? "Sempre me foquei na oportunidade de desenvolver minhas habilidades", ele conclui.

É claro que o talento de Nolan, por si só, não pode receber todos os créditos pelo seu sucesso. Na verdade, trata-se muito mais do quanto ele desenvolveu esse talento. Mas buscar uma carreira numa área para a qual você tem certa habilidade natural é o primeiro fator da estratégia que cria determinação.

O segundo é estabelecer o que você quer — "tornar-se o presidente de uma empresa listada da *Fortune 500*" — e descobrir por que isso é importante para você. Afinal de contas, temos uma facilidade maior para nos esforçar em uma tarefa que possui um sentido claro para nós. Se, por exemplo, lhe pedíssemos para montar legos Bionicles, o que faremos com os legos depois que você os construir influenciará no seu esforço em encaixá-los.

Existe, no entanto, um terceiro fator, geralmente ainda mais ignorado que os dois primeiros: a adversidade desejada. Ele consiste em buscar os desafios que lhe darão a experiência necessária para realizar seu propósito.

Existem, então, dois fatores que precisam ser levados em conta: o propósito externo e o interno.

Ao iniciar uma jornada, é importante saber para onde estamos indo. Esse é o papel do propósito externo. Ele é estabelecido de forma horizontal, no tempo: "Algum dia quero estar ali". No caso de Nolan, era tornar-se CEO de uma empresa da lista da *Fortune 500*. Mas existe um segundo propósito — o propósito interno — que não tem relação com aonde queremos ir, mas com o "modo como" chegaremos lá. Ele diz respeito à dimensão vertical, ao desenvolvimento de nós mesmos, das ferramentas necessárias para chegar aonde queremos. A reconciliação desses dois propósitos nos leva à mestria na arte de viver.

A carreira de Nolan Archibald é uma poderosa ilustração de como funciona a harmonização desses dois propósitos. Primeiro, ele definiu o que queria. Depois buscou maneiras para desenvolver as habilidades necessárias para conseguir aquilo a que se propôs.

Em outras palavras, esse processo é importantíssimo porque cria um círculo virtuoso de aprendizado prático no qual podemos fazer constantes adaptações e correções. Afinal de contas, a origem do sucesso não é buscar dinheiro em somas absurdas, mas desenvolver os meios que nos façam valer somas absurdas. E a única maneira de criar esses meios é desenvolver nosso potencial, através da disciplina, do foco e da determinação.

Pessoas como Nolan entendem que o dinheiro geralmente é consequência de sua ideia ou da precisão da estratégia. Eles compreendem que é o resultado de suas ações, e não suas ações, que produz o dinheiro.

Resta então o dilema: como mudar nosso campo de atuação de um trabalho que não nos motiva para outro?

5.

Algumas das histórias mais comoventes no mundo dos negócios, esportes e artes diz respeito a indivíduos que se libertaram de ambientes e circunstâncias desfavoráveis e se concentraram nos seus desejos internos. Elas continuam sendo as mesmas pessoas, mas mudaram o foco da sua vida. E com isso, mudaram a finalidade de suas ações. Focando-se em pequenas mudanças que dependiam apenas delas, transformaram completamente sua realidade.

Vejamos a história de Jay-Z. Ele nasceu numa família pobre, num conjunto habitacional do Brooklyn. Ainda criança, foi abandonado pelo pai, e desde cedo sua vida saiu completamente dos trilhos. Aos doze anos, disparou uma arma de fogo contra o próprio irmão para roubar suas joias. Durante a adolescência, integrava uma gangue que vendia crack nas ruas do Brooklyn. Hoje, ele é um dos músicos mais prestigiados e bem-sucedidos do mundo. Seu capital está avaliado em mais de US$ 500 milhões. E, através da sua gravadora, agora ajuda outros artistas que enfrentam as mesmas dificuldades que ele enfrentou na adolescência.

Como ele conseguiu dar essa guinada? Talvez a melhor maneira de compreender esse tipo de fenômeno seja o que chamamos de *teoria do hiperfoco*, que é o ponto de convergência de quatro tipos específicos de recursos: tempo, energia, capital e relações sociais. Na linguagem dessa teoria, todos nós temos um poder pessoal limitado, mas podemos aumentá-lo mudando a maneira como usamos esses quatro recursos. A limitação deles raramente é o problema — o que de fato é um problema é a forma como utilizamos os recursos no dia a dia.

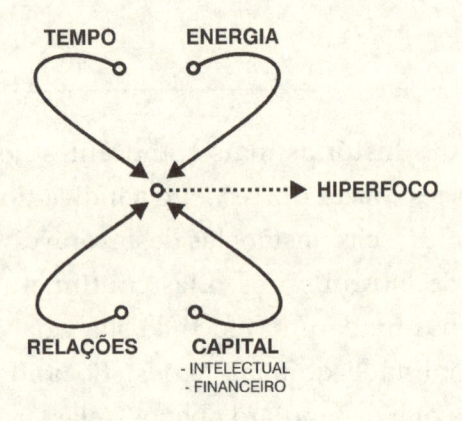

Todos, desde o presidente do país até um prisioneiro, possuem vinte e quatro horas por dia, sete dias por semana, trinta dias por mês, trezentos e sessenta e cinco dias por ano inteiramente à disposição. Mais importante do que o tempo, entretanto, é a nossa energia. Se tivermos todo o tempo do mundo, mas nos faltar a energia necessária, o tempo nos parecerá enfadonho, monótono e nocivo. É preciso, portanto, aprender a gerenciar nosso segundo recurso: a energia. Isso terá um impacto enorme na forma como aproveitaremos nosso tempo.

O terceiro recurso é o capital. Geralmente associamos capital a recursos financeiros, mas aqui também incluímos o capital intelectual, como o conhecimento, a inteligência, a criatividade, a iniciativa e todos os fatores que compõem a nossa personalidade. Por fim, o último recurso são nossas relações sociais, que incluem dois fatores: com *quem* nos relacionamos e *como* nos relacionamos.

6.

O autor Zack Greenburg, na biografia não autorizada de Jay-Z, apresenta o adolescente no Brooklyn entre duas forças distintas. De um lado, um grupo de amigos que queriam que ele continuasse na rua. De outro, um músico que também vivia no Brooklyn, que reconheceu seu talento e o estimulou a sair da rua e a focar na música. E se analisarmos um determinado período da vida de Jay-Z, entre catorze e dezesseis anos, veremos que ele fez um completo redirecionamento desses quatro fatores, desviando-os da rua para o estúdio.

Para realizar esse redirecionamento, Jay-Z não precisou se tornar outra pessoa. Ele apenas mudou o foco, que antes estava no mundo da rua, para o mundo da música. Primeiro, ele modificou a maneira como usava seu tempo. Em vez de passar o dia pelas ruas, passou a frequentar mais o estúdio. Depois, mudou o foco da sua energia e de seus recursos: trocou a delinquência pela prática musical. Outra mudança foi com seu capital. Em vez de gastar dinheiro com drogas, bebidas e armas, passou a investir o pouco que tinha na carreira artística. Por último, abandonou um grupo de amigos — o da rua — e passou a se relacionar com outro — o da música.

Falando assim, isso pode parecer fácil. Mas quando se é um adolescente acostumado com a vida das ruas, ter foco e determinação pode ser um desafio imenso. E qual é a saída? Nesse caso, para auxiliar no redirecionamento do foco, essas pessoas geralmente se beneficiam da inspiração de um mentor ou exemplo. Elas encontram uma influência positiva alinhada com aquilo que elas próprias almejam. Esse mentor ou exemplo pode ser um amigo, um colega ou mesmo um desconhecido de quem você investiga a vida, as atitudes e o caráter, e passa a seguir à risca o que aprendeu.

No caso de Jay-Z, essa pessoa foi o músico Jaz-O. Foi ele que, pelo menos no início, se tornou o porto seguro de Jay-Z e o acolheu em seu estúdio. Mais tarde, quando tentava uma carreira profissional, Jay-Z teve outra influência importante: Russell Simmons.

Simmons saiu do Queens, outro bairro de Nova York, e se tornou um multimilionário no mundo do hip-hop. Sua influência sobre Jay-Z foi tanta que, em 1996, quando decidiu lançar seu primeiro álbum e não encontrou nenhuma gravadora de grande porte que aceitasse seu trabalho, Jay-Z se inspirou em Simmons. Assim como seu mentor fizera antes, ele se juntou a dois amigos e criou uma gravadora independente: a Roc-A-Fella Records, agora vinculada à Universal Music. Atualmente, Jay-Z é considerado, por muitos, um protótipo de seu mentor: Russell Simmons. Assim como Simmons, ele construiu um império empresarial em torno da música.

A história de Jay-Z é um exemplo claro da influência que a mentalidade possui sobre nós. Ao se inspirar em pessoas como Jaz-O e Simmons, ele mudou radicalmente seu modo de pensar. Mudando sua mentalidade, mudou o foco, e passou a investir seus recursos em torno das prioridades criadas através desse foco. Quando isso acontece, os resultados se tornam inevitáveis. Só o que pode nos impedir de chegar aonde queremos são as distrações. Tivesse Jay-Z mantido seu foco nos amigos da rua, talvez houvesse sido preso ou morto, e seu potencial nunca seria reconhecido.

O que isso nos diz sobre o sucesso? Quando fracassamos na realização dos nossos sonhos não é porque não temos a inteligência ou o talento necessário para vencer — mas porque não desenvolvemos uma mentalidade adequada que permita o uso de nossas habilidades e de nossos recursos para desenvolver essas habilidades. Mas, como você verá a seguir, há outro fator relevante.

7.

Numa manhã de 1984, a secretária de Norman Lamm, diretor da Yeshiva University, uma pequena universidade judaica de Nova York, disse que havia um homem ao telefone desejando falar com ele. Lamm perguntou quem era. A pessoa do outro lado da linha se identificara como o advogado de Annie Schreiber. Lamm não tinha ideia de quem era Annie Schreiber ou do que a ligação poderia se tratar; mesmo assim decidiu atendê-la.

O homem se apresentou, explicou quem era Annie Schreiber, e depois falou que ela falecera recentemente. Após uma pequena pausa, disse que ela deixara sua herança para a Yeshiva University. "Essa herança é significativa?", perguntou Lamm. "Em torno de US$ 22 milhões", informou o advogado.

Quem era Annie Schreiber? Como uma mulher absolutamente desconhecida conseguira amealhar tal fortuna?

Annie nasceu no Brooklyn, em Nova York, em 1883. Ela viveu cento e um anos, nunca se casou e morou a maior parte da sua vida sozinha, num pequeno apartamento em Manhattan. Era formada em direito e trabalhou durante vinte e três anos como auditora fiscal da Receita Federal americana. Ao longo de sua carreira, jamais recebeu uma única promoção. Seu salário foi um dos mais baixos pagos pela instituição. Em 1943, quando completou cinquenta e um anos, ela se aposentou. Tinha apenas US$ 5 mil na poupança.

Após a aposentadoria, Annie passou a viver da pensão do seguro social, algo em torno de US$ 3 mil mensais, uma renda quase insignificante para quem mora em Manhattan. Mas mesmo assim, Annie não se mudou. Permaneceu no mesmo apartamento. Para sobreviver, criou uma cultura de economia. Não gastava com nada, nem consigo mesma. Em 1980, por exemplo, ainda usava as mesmas peças de roupa que vestia em

1943, ano em que se aposentou. Nem mesmo assinava jornal. Uma ou duas vezes por semana, ia até a biblioteca pública de Nova York, que ficava a poucos quarteirões de sua casa, e passava o dia lendo os jornais e as revistas de sua preferência.

Como Annie Schreiber, que não tinha outra renda exceto uma pensão praticamente insuficiente para sobreviver em Manhattan, conseguiu amealhar uma fortuna de US$ 22 milhões? A resposta a essa pergunta é um dos grandes segredos do resultado que o método para gerenciar nossos recursos pode produzir em longo prazo. O segredo? Consistência. De forma lenta e consistente, Annie agia todos os dias numa direção específica. Nada a distraía disso. Essa é a essência da teoria do hiperfoco.

Assim que se aposentou, Annie começou a investir em ações, e criou um método para gerenciar seus investimentos. De forma orquestrada, Annie investia pequenas economias em empresas que ela conhecia e compreendia. Companhias que fabricavam os produtos que ela consumia no dia a dia. Annie gostava de filmes produzidos pela Columbia Pictures, por isso, comprou ações da Columbia. Ela consumia Coca-Cola e Pepsi, então comprou ações dessas marcas, e assim por diante.

A história de Annie, porém, não nos interessa pelo tipo de investimento que ela fez, mas pelo *método* que ela usou. E se você quiser criar hiperfoco em torno de um propósito, o método mais inteligente é adotar os princípios que ela adotou: *regularidade, simplicidade* e *disciplina*. Em outras palavras, criar hiperfoco por um ou dois dias raramente produz o resultado desejado. O que o exemplo de Annie nos mostra é que para ter resultados extraordinários é preciso agir de modo constante, por longos anos.

Isso pode parecer óbvio. Mas pense sobre a maioria das nossas atitudes. O que acontece? Levamos cinco ou seis anos para ficar dez quilos acima do nosso peso ideal, e queremos perdê-los com uma semana de dieta ou caminhadas. Criamos uma cultura de desequilíbrio ao longo de uma vida inteira e queremos colocar tudo em ordem com meia hora de *coaching*. Durante anos, ignoramos nosso cônjuge ou nossos filhos, e quando a situação se mostra fora do controle, pretendemos resolver tudo com uma conversa aleatória e, muitas vezes, desprovida de um real interesse pelo outro.

De certo modo, desenvolvemos uma mentalidade de que, mesmo não fazendo o que é necessário, no final das contas, obteremos o resultado que buscamos. No entanto, isso é bastante raro de acontecer. E quando isso parece possível, os efeitos colaterais tendem a se apresentar mais tarde em resultados catastróficos. Em geral, queremos mudanças revolucionárias. Avançar num salto. Mas a lição aqui é clara: o sucesso tende a seguir movimentos mais lentos, mensuráveis, e até mesmo previsíveis.

O segredo de Annie, então, é uma estratégia que pode ser usada por qualquer pessoa. Apesar de ter investido em ações, o exemplo serve para todos os setores da nossa vida. Ele nos ensina que fazer pequenas coisas que sabemos serem corretas, com regularidade e disciplina, durante um **longo período**, traz consequências enormes. Isso serve para o desenvolvimento de nossas habilidades, economia, dieta, saúde e para qualquer segmento da nossa vida. Mas, e como saber qual o caminho correto a seguir?

CAPÍTULO 6

INTELIGÊNCIA PRÁTICA

"Uma pessoa pode ter muita inteligência analítica e pouquíssima inteligência prática, assim como pode ser rica em inteligência prática e pobre em inteligência analítica."

MALCOLM GLADWELL
ESCRITOR

1.

Nova York é uma das cidades mais queridas e procuradas por turistas do mundo inteiro. Atrações como Broadway, Times Square, Quinta Avenida e Central Park trazem milhões de pessoas todo ano para a Big Apple, como é carinhosamente conhecida.

No início dos anos 1990, tudo isso parecia ameaçado. A cidade estava a poucos passos da anarquia. O índice de vandalismo e criminalidade era assustador. O crescimento da violência e, portanto, do medo, da insegurança e da desordem era visível. Gangues, assaltos, assassinatos e roubos a mão armada ocupavam as manchetes dos jornais e noticiários diariamente.

A impressão que se tinha era de que Nova York estava sendo tomada por bandidos, mafiosos, quadrilhas e traficantes. Autoridades no assunto afirmavam que a polícia não tinha mais controle sobre a cidade. A situação parecia não ter solução.

Em fevereiro de 1994, William Bratton, um ex-policial de Boston, conhecido como Bill, foi nomeado como novo chefe do Departamento de Polícia de Nova York (NYPD, na sigla em inglês). Autoridades políticas apostavam nele como a solução para o problema. Mas a imprensa não escondia sua descrença. Antes de Bill, outros já haviam sido apontados como alternativas e fracassaram. A questão era simples: por que agora seria diferente? O que Bill poderia fazer?

A esperança de Bill podia vir de dois lugares. Um deles era a ajuda dos policiais do NYPD. O outro era o governo, através de um considerável aumento do orçamento, para que ele pudesse investir em equipamentos e viaturas.

Os policiais, no entanto, definitivamente não pareciam ser um ponto positivo na agenda de Bill. Nova York, na época, tinha 36 mil policiais. Seus salários estavam defasados, o trabalho era perigosíssimo e o avanço na criminalidade exigia longas horas de atividades. A desmotivação entre eles era geral. Havia pouca esperança de que alguém, em curto ou mesmo longo prazo, fosse capaz de mudar a situação.

O governo, por outro lado, como sempre, queria uma solução para o problema, mas parecia muito mais fazer parte dele. O orçamento era insuficiente, os equipamentos, depredados, e havia suspeitas de esquemas de corrupção fortemente enraizados no próprio NYPD. Ninguém no governo dava sinais de estar disposto a abrir os cofres para Bill.

Olhando dessa perspectiva, quais eram as chances de Bill mudar essa realidade? É fácil compreender que elas eram muito pequenas. Mas, acredite ou não, ele a mudou. Mais que isso: ele a mudou completamente. Entre 1994 e 1996, nos dois anos em que esteve à frente do NYPD, Bill transformou Nova York numa das cidades mais seguras entre as grandes metrópoles americanas. Nesse curto período, os assaltos à mão armada caíram 39%, assassinatos, 50%, e roubos, 35%. Uma pesquisa realizada pelo Instituto Gallup, em 1997, mostrou que nos dois anos em que William Bratton esteve à frente do NYPD, a confiança da população na polícia de Nova York subiu de 37% para 73%.

E tem mais: mesmo depois de deixar o comando do NYPD, a cultura implantada por Bill fez com que os índices continuassem caindo de forma progressiva. Hoje, Nova York continua entre as grandes cidades mais seguras do planeta. Qual foi a estratégia que Bill usou para transformar essa situação?

2.

Em 2006, os psicólogos australianos Megan Oaten e Ken Cheng realizaram uma série de estudos interessantes que pode nos ajudar a responder a essa questão. Primeiro, eles selecionaram um grupo de voluntários dispostos a participar de um programa de exercícios físicos, e fizeram um inventário detalhado do estilo de vida dessas pessoas. O objetivo do inventário era analisar como elas se comportavam no dia a dia em situações básicas como arrumar a cama depois de levantar-se, acordar na hora marcada, cuidados com a saúde, quantas vezes limpavam a casa e assim por diante.

Em seguida, veio a parte prática do experimento. Durante dois meses, os voluntários tiveram que seguir um programa diário de exercícios físicos, organizado de tal forma que a intensidade dos exercícios aumentava pouco a pouco. A intenção dos pesquisadores era clara: será que fazer exercícios regulares tem o poder de alterar hábitos em outras áreas da nossa vida? Será que eles nos tornam mais organizados ou será que o cansaço faz com que descuidemos ainda mais dos outros setores?

Ao comparar o comportamento dos voluntários antes e depois do programa, Megan e Ken ficaram impressionados. Ao longo daqueles dois meses, a maioria dos participantes mudara radicalmente seu comportamento em quase todos os setores analisados. A maior parte deles passou a fazer coisas que negligenciavam antes, como arrumar a cama pela manhã, demorar mais no banho, arrumar-se melhor, ser mais pontual nos compromissos, ler mais e assistir a menos televisão. Um grupo considerável também aderiu a alimentos mais saudáveis e reduziu o consumo de refrigerantes. Os fumantes haviam reduzido o consumo de cigarros diários. Até mesmo o humor deles se alterara. Diziam-se mais alegres, reclamavam pouco e se mostravam menos estressados, preocupados ou deprimidos.

Essas constatações intrigaram Megan e Ken. Mas eles ainda não estavam satisfeitos. Sabiam que as alterações no estado físico, obviamente, produzem mais energia — e esse poderia ter sido o motivo das mudanças. Para tirar a dúvida, fizeram outra experiência. Desta vez, no lugar dos exercícios físicos, elaboraram um rigoroso programa de finanças domésticas. Então, selecionaram vinte e nove voluntários com sérios problemas financeiros e os submeteram a quatro meses de monitoramento rigoroso de suas finanças. O objetivo era o mesmo da experiência anterior: ver se o esforço e a disciplina criada numa área específica afetariam outros setores da vida. O resultado nas finanças, claro, se tornou visível já nas primeiras semanas. E em seguida, melhorias também começaram a se manifestar em outros setores. Os resultados constatados com o primeiro grupo se revelaram também no segundo.

Os pesquisadores, então, realizaram um terceiro estudo. Desta vez, escolheram um grupo de universitários que estava com notas baixas em algumas disciplinas. O método seguiu os mesmos passos dos dois estudos anteriores: os universitários deveriam seguir um rigoroso plano de estudos para melhorar suas notas. A essa altura, considerando os estudos anteriores, os resultados já eram bastante previsíveis. E, mais uma vez, eles se confirmaram. A disciplina, a determinação e a consistência em dominar um dos setores da vida tiveram um impacto significativo em praticamente todos os demais setores.

Os experimentos de Megan e Ken são importantes para compreendermos como as mudanças acontecem. Eles mostram que, se nos concentrarmos num ponto específico e melhorarmos esse ponto, outras áreas se beneficiarão. Quando nos determinamos a ir à academia, a caminhar ou correr todos os dias, por exemplo, ou quando nos disciplinamos a nos alimentar de forma correta, não mudamos simplesmente um ponto específico em nossa existência, mas criamos uma transformação na forma como pensamos e nos sentimos. Quando pensamos de forma diferente, quando mudamos a forma como nos sentimos, afetamos todos os setores de nossa vida.

Em outras palavras, quando assumimos pequenos compromissos e os mantemos, quando estabelecemos pequenas metas e nos esforçamos para cumpri-las, mudamos a maior parte da rotina e afetamos outros hábitos, em outros setores. Em pouco tempo, essa série de pequenas atitudes cria um efeito composto, trazendo recompensas enormes para nós.

O que é um efeito composto?

Se lhe pedíssemos para destacar esta página do livro e dobrá-la, se possível, quarenta e duas vezes, qual a altura que a página dobrada teria no final? A maioria diria que talvez ela tivesse a espessura deste livro, ou até um pouco mais. Mas essa resposta está longe de estar correta. A altura da página dobrada quarenta e duas vezes seria praticamente igual a distância entre a Terra e a Lua. E se for dobrada mais nove vezes, alcançará a distância que nos separa do Sol. Como isso é possível? A explicação é o que em matemática se chama crescimento exponencial: quando ao longo do tempo os valores de um fenômeno dobram.

Para muitos de nós, esse tipo de crescimento escapa da compreensão porque o efeito é muito desproporcional em relação à causa que o criou. Mas para entender o efeito composto de uma série de pequenas mudanças devemos ter em mente esse tipo de crescimento. Temos que aceitar que raras vezes o sucesso é consequência de uma mudança súbita, ou de uma única grande jogada. Pelo contrário, ele é o efeito composto de uma série de pequenas escolhas feitas de modo regular, simples e disciplinado, que multiplica seus resultados. Mas, o que nos faz querer cada vez mais extrair o melhor que há em nós?

3.

A habilidade que faz com que alguém organize seus recursos e desenvolva o tipo de destreza que lhe permite obter o melhor de si é o que o professor Robert Sternberg, da Universidade Yale, chama de inteligência prática. Sternberg define a inteligência prática como a capacidade de interpretar uma situação corretamente, fazendo com que a ação que resulta dessa interpretação crie o resultado que se quer. "Por exemplo: se alguém precisa comunicar más notícias a seu patrão numa manhã de segunda-feira após o jogo de golfe dele ter sido arruinado pela chuva na véspera, e se a equipe do chefe parece estar 'pisando em ovos', então é melhor esperar até um pouco mais tarde para dar as más notícias, na tentativa de não estragar a semana do patrão", explica.

A interpretação gerada pela inteligência prática sempre é orientada para a ação e o resultado que ela produz. É adquirida sem auxílio de outras pessoas, e nos permite realizar objetivos que são importantes para nós. Pense, por exemplo, em Michael Jordan, quando foi ignorado pelo técnico do time de basquete da escola de ensino médio. O que fez com que ele, em vez de se revoltar, se concentrasse de modo intenso nos treinos? Ou pense em Nolan Archibald e sua decisão de buscar atividades que desenvolvessem suas habilidades para obter ganhos em longo prazo, no lugar da gratificação imediata.

O que fez com que os dois tomassem tais decisões? Atitudes como essas não são resultado da inteligência racional e analítica medida em testes de Q. I. Elas são o resultado da inteligência prática. "Quando nos referimos à inteligência prática como intimamente ligada à ação, nós a enxergamos como uma forma de saber *como* mais do que uma forma de saber *quê*", explica Sternberg.

Na primeira parte do livro, falamos muito sobre a inteligência racional e analítica. Vimos que sua origem é, pelo menos em parte, hereditária. Já nascemos com ela. Mas e quanto à inteligência prática? De onde ela vem? Em nossos estudos e análises, descobrimos que pessoas com elevado nível de inteligência prática costumam ter um conjunto de características bem específicas que compõem o que chamamos de os Quatro Modelos de Mentalidade, que definem as características dos indivíduos mais inovadores e criativos:

1. A mentalidade filosófica
2. A mentalidade de cenário
3. A mentalidade estratégica
4. A mentalidade de ação

Ao contrário da inteligência racional e analítica, os Quatro Modelos de Mentalidade que compõem a inteligência prática devem ser aprendidos. Eles compõem um modo de pensar que se organiza em quatro estágios. Primeiro, acontece uma leitura rápida da situação real. Em seguida, há uma projeção do cenário ideal. Ciente da situação real e com a situação desejável em mente, o foco torna-se a estratégia que nos levará de uma a outra. E por fim, vem a ação, que é a execução da estratégia.

4.

Quando Bill assumiu o comando da polícia de Nova York, não havia dúvida de que a situação estava caótica. O problema maior, entretanto, era saber onde se encontravam os pontos críticos que criavam esse caos. Os dados que Bill tinha a sua disposição mostravam que apenas 3% dos crimes mais violentos aconteciam ou envolviam o sistema de metrô. Se você possuísse dados estatísticos confiáveis mostrando que 97% dos crimes se concentravam em bairros e locais que não tinham nada a ver com as linhas de metrô, qual seria a atitude lógica? Se estivesse no lugar de Bill, o que você faria? A sensação que temos é de que o correto seria ignorar o sistema de metrô e focar as ações em outras áreas. Era isso o que o NYDP vinha fazendo.

O que Bill fez? Estranhamente, ele torceu o nariz para as estatísticas e a lógica produzida por elas. Seu pensamento era outro: se até então nenhuma das medidas adotadas solucionara o problema, será que não poderia haver um erro na compreensão da causa do problema?

Com essa pergunta em mente, uma das primeiras ações de Bill foi criar pequenas equipes de policiais para investigar o que vinha acontecendo na cidade, sobretudo no sistema de metrô. Ele mesmo passou a frequentar intensamente as linhas metroviárias, percorrendo a maioria delas várias vezes por semana, fosse durante o dia ou tarde da noite. E Bill logo descobriu que, apesar de os dados disponíveis sobre o número de incidentes no sistema serem positivos, na verdade, ele estava à beira do caos. Delinquentes saltavam a roleta, pediam dinheiro e ameaçavam os passageiros. Não raras vezes, causavam verdadeiro terror nos vagões.

Uma investigação mais detalhada mostrou que a maioria dos delitos acontecia em algumas estações bem específicas. Ao analisar a escala dos policiais, Bill notou que essas estações coincidiam com locais onde o policiamento era menor. Ele então focou sua atenção nesses pontos e reforçou a presença de policiais em locais específicos onde acontecia o maior número de incidentes. Ao atacar o problema nas linhas de metrô, que serviam de transporte para os transgressores, ele impediu que os criminosos se espalhassem para outras áreas. Essa medida reduziu logo o índice de criminalidade em toda a cidade.

Por que essa análise é importante? Porque, superficial-mente, parece fácil descobrir quais são as causas dos nossos problemas. E o exemplo acima nos mostra que, muitas vezes, essa causa não está onde imaginamos. Se, por exemplo, lhe perguntássemos quais são suas dificuldades, você na certa seria capaz de responder sem pensar muito. Mas e se lhe perguntássemos o que cria essas dificuldades? Você saberia a resposta?

Portanto, aqui chegamos a um ponto importante para compreender a inteligência prática. Na primeira parte do livro, mostramos que nossa singularidade é definida pelo nosso modo de pensar, que é determinado pelos nossos moldes mentais. Também mostramos que esses moldes criam nossos modos de percepção, que criam os sistemas de comportamentos, que, por sua vez, produzem os resultados que obtemos. Levando em conta que problemas não são uma causa, mas uma consequência do nosso modo de pensar, se quisermos descobrir as verdadeiras causas dos nossos problemas precisaremos investigar nossos moldes mentais. Para isso, teremos que desenvolver a coragem de questionar nossas próprias convicções, crenças e modos de pensar. Isso significa não permitir que nossos moldes mentais nos aprisionem numa realidade indesejada. Se você compreender esse processo e aplicá-lo, aumentará de forma drástica sua inteligência prática.

O que é, então, uma mentalidade filosófica? É claro que existem várias respostas a essa questão, mas em síntese significa sair do sistema automático e utilizar o sistema controlado para questionar nossos moldes mentais que criam o processo automático.

Isso não é fácil. Na verdade, criar uma mentalidade filosófica pode ser uma das coisas mais difíceis em qualquer processo de mudança. Por quê? Porque ela mexe exatamente na estrutura que nos faz ser quem somos e produzir os resultados que produzimos. Em outras palavras, ela nos informa que o problema somos nós, que a fonte das nossas frustrações está no tipo de mentalidade que cultivamos. E, raramente, estamos dispostos a aceitar isso.

Porém, existe outro motivo, tão ou mais importante que o anterior, que nos diz que os moldes mentais já estabelecidos, mesmo sendo falsos, têm uma tendência natural de se justificar e nos persuadir de que são verdadeiros. E daí? A questão é que essa tendência dificulta o entendimento de que nosso problema maior está justamente em não compreendermos a necessidade de mudar nossa mentalidade, em não nos convencermos de que é a forma como pensamos que cria os resultados que tanto queremos mudar.

Bill usou três passos fundamentais que, juntos, constituem a base de uma mentalidade filosófica. Primeiro, ele buscou compreender a realidade dos fatos, colocando em xeque tudo o que se sabia até então sobre as razões da criminalidade na cidade. Depois, localizou os pontos fortes e os pontos fracos do sistema. E por último, estreitou o foco sobre cada ponto, tomando a medida necessária.

Deixe-nos lhe dar um exemplo prático. Mesmo que você não seja um professor ou tenha alguma experiência com sala de aula, é fácil entender que qualquer grupo de alunos pode ser dividido em três subgrupos:

1. Aqueles que aprendem rápido.
2. Aqueles que demoram um pouco a dominar o conteúdo.
3. Aqueles que mostram pouco interesse e não conseguem acompanhar os demais.

Essa é uma constatação simples da realidade de uma sala de aula comum. Ela representa o *status quo*. Qualquer professor é capaz de reconhecê-la. Mas há um problema com essa constatação: ela não nos leva à mudança. Por mais importante que possa parecer, ela apenas alimenta e justifica a existência de um problema, mas não cria uma intenção real de resolvê-lo. E esse é um problema muito comum. Sentimos a dor, mas não criamos interesse em eliminá-la. Vivemos num estado de impotência, e nos acomodamos nele.

E qual é a saída? Pense, por exemplo, sobre o que você poderia fazer no caso do desempenho dos alunos. A pessoa que tem uma mentalidade filosófica não aceita a realidade como definitiva. Ela desafia a impotência induzida. Atreve-se a avançar um passo para além do *status quo* e pergunta a si mesma: o que eu sei sobre o método de aprendizagem de crianças e adolescentes? Como posso explicar o fato de que algumas aprendem rápido e outras, não? Quais incentivos os alunos do primeiro grupo possuem que os outros não têm? Sou eu, como professor, que forneço esses incentivos? São os pais? As circunstâncias? Ou será que essa é uma questão genética? Por que alguns demoram tanto a aprender? Posso estimulá-los a aprender mais rapidamente? Até que ponto eu tenho influência sobre esse tema?

Esse é um exemplo hipotético e genérico. Mas você pode aplicá-lo a qualquer circunstância. Você pode se perguntar, por exemplo: quais são meus pontos fortes? Como posso obter o máximo de proveito de minhas habilidades naturais? O que eu realmente quero da vida? Quais são as minhas prioridades? Como posso romper com os hábitos negativos que me impedem de criar hiperfoco?

Pode ser que, num primeiro momento, você não consiga responder a essas perguntas com exatidão. Mas, ao começar a fazê-lo, você passa a ativar o sistema controlado, que, de uma maneira ou de outra, o levará a encontrar caminhos que o conduzirão à ação prática. Por questionar e colocar em xeque as convicções mais fortes — aquelas que criam o tipo de molde que o mantém preso numa realidade indesejada —, você cria o estado oposto: a liberdade de criar caminhos novos. É como escreveu o poeta e romancista francês Victor Hugo: "A água que não corre forma um pântano; a mentalidade que não se atualiza forma um tolo".

5.

Uma vez que esteja claro onde você se encontra, é hora de definir aonde quer chegar. Esse é o papel desempenhado por uma mentalidade de cenário. Primeiro, você precisa criar, em sua mente, as circunstâncias, o ambiente, o estado físico, emocional e espiritual em que deseja viver. Por isso, a mentalidade de cenário tem sempre como base o futuro. Seu ponto de partida deve ser a situação real, mas sempre tendo em vista uma imagem clara da situação ideal.

Antes de assumir o comando da polícia de Nova York, Bill era o chefe de polícia da Autoridade de Transporte da Baía de Massachusetts — o MBTA, na sigla em inglês. Nessa época, em determinado momento, o governo decidiu renovar a frota de veículos. A ideia era comprar viaturas menores, mais compactas, para reduzir custos. A notícia criou um desconforto em boa parte dos policiais. O próprio Bill achava a ideia um absurdo, e estava decidido a impedir que o governo comprasse o modelo sugerido.

Semanas antes da reunião que decidiria o modelo do veículo que seria adquirido, Bill organizou um evento e convidou o diretor geral do MBTA para visitar seu departamento. Um dia antes da visita, ele foi até uma locadora de automóveis e alugou o mesmo modelo de veículo que o governo estava prestes a adquirir. Para causar uma impressão maior, com a ajuda dos policiais, Bill equipou o veículo alugado com todos os apetrechos de uma viatura policial. Inclusive, deslocou o assento do carona para a frente, o que fazia com que o passageiro se sentisse extremamente desconfortável. Na manhã seguinte, convidou o diretor para realizar um passeio pela cidade no veículo alugado.

Assim que entrou no automóvel, o diretor sentiu o desconforto pela falta de espaço. Bill teve dificuldade para ajustar o cinto de segurança. Os apetrechos que carregava na cintura — o cinto tático com as armas, algemas e demais equipamentos — ocupavam parte do assento do carona. Tudo para criar uma sensação clara de incômodo devido ao encolhimento do veículo.

Durante o passeio, Bill não poupou o diretor. Sem dizer uma palavra sobre o assunto, ele o expôs, de forma direta e dramática, a todas as circunstâncias que um policial enfrentaria na rotina diária com aquele modelo de veículo. Ele rodou sobre buracos, cortou curvas, freou bruscamente e passou em velocidade sobre lombadas.

Por que Bill fez tudo isso com seu chefe? Ao criar esse cenário, ele queria que o diretor sentisse na pele todas as dificuldades que um policial em serviço sentiria dentro do veículo que o governo estava prestes a adquirir. Em outras palavras, queria impedi-lo de cometer um erro terrível.

Depois de duas horas, o diretor pediu para parar, afirmando estar cansado e indisposto. Nesse momento, Bill trouxe à tona o assunto da compra dos veículos e expressou seu ponto de vista. Disse que era impossível um policial se sentir motivado passando boa parte das horas de trabalho dentro de um veículo que o próprio diretor não suportou por mais de duas horas.

Em vez de argumentar, Bill criou um cenário idêntico ao que os policiais enfrentariam, e colocou o diretor nesse cenário, expondo-o ao estresse e ao desconforto a que os policiais se submeteriam. E que resultado ele obteve? O governo desistiu da ideia de adquirir carros mais compactos, mantendo o modelo atual, muito mais apropriado para o trabalho dos policiais.

Essa é a importância de uma mentalidade de cenário. Ela nos dá a habilidade de perceber com antecedência o conforto ou o desconforto que uma escolha do presente pode causar no futuro. E isso é importante? É claro que sim. Essa habilidade é uma das características essenciais da inteligência prática, que é um dos principais fatores responsáveis pelo sucesso.

É importante observar que desenvolver uma mentalidade de cenário não é apenas visualizar imagens ou sonhos de carros de luxo, mansões ou paisagens paradisíacas. Mas é também criar uma perspectiva mental de como nos sentiremos no futuro em relação a qualquer ação do presente. É sentir, quando estamos comprando um aparelho de TV em trinta e seis prestações mensais, não apenas o desejo momentâneo de obter o produto, mas também como nos sentiremos durante esses dois anos e meio pagando as parcelas. É a capacidade de vivenciar como será cumprir a promessa antes mesmo de fazê-la. É desenvolver o potencial de controlar suas emoções para não se arrepender depois, quando o sistema nervoso voltar ao normal. É não pensar apenas no quanto a disciplina pode ser amarga, mas sentir também, de antemão, o gosto dos frutos que ela produzirá.

Ou seja, a mentalidade de cenário não apenas vai ajudá-lo a visualizar o que você quer, mas o colocará a par das responsabilidades, dos compromissos e das renúncias que terá de fazer para obter aquilo que deseja. Uma vez que você aprender a pensar com uma mentalidade de cenário, a desconectar-se do piloto automático e ponderar antes de agir, aprenderá a desenvolver detalhes das suas ações. E após ter todos os detalhes claros na mente, você não perderá tempo ou energia correndo atrás do que não quer.

6.

Até aqui, vimos dois elementos da inteligência prática: a mentalidade filosófica e a de cenário. O primeiro nos dá uma compreensão clara de onde estamos. O segundo, para onde queremos ir. Agora, vamos analisar o terceiro elemento: a mentalidade estratégica. Ela nos ajudará a desenvolver o processo que usaremos para nos mover da situação em que estamos para aquela em que gostaríamos de estar.

Para isso, voltemos mais uma vez ao exemplo de Bill Bratton. Ao elaborar um diagnóstico adequado sobre o que causava a violência e a criminalidade em Nova York e estabelecer um cenário completo do objetivo a ser alcançado, ele definiu dois pontos: a situação *real* e a situação *ideal*. A partir desses dois pontos, foi necessário elaborar um plano estratégico que o levasse de um ponto ao outro.

Uma vez que conhecemos os motivos que causam a situação em que estamos, e depois de definirmos a situação que almejamos, precisamos criar um plano ou um conjunto de metas e táticas que nos tire da situação real e crie a situação ideal. É importante observar, porém, que somente poderemos agir de forma estratégica quando tivermos esses dois pontos definidos.

E isso, na verdade, é mais fácil do que parece. Vamos supor que sua vida, neste momento, esteja confusa e sem rumo. E embora tenha uma vaga ideia de qual é a causa do seu problema, você não tem certeza do que na realidade está criando seu desconforto. O que você faz? Primeiro, parte do princípio de que sabe que sua situação é confusa e de que está sem rumo certo. Não há nada de errado com isso. Esse é seu estado real. A partir dele, você descobre o que seria uma situação ideal. Essa situação ideal deve tornar-se sua prioridade. E é em torno dela que criará sua estratégia.

Elaborar uma estratégia significa planejar como irá utilizar seus recursos — tempo, energia, capital e relações sociais — para sair da situação real e chegar à situação ideal, dentro do prazo estabelecido.

Imaginemos que sua prioridade seja perder peso. Como você utilizará seu tempo? Não adianta, por exemplo, definir que fará cinco horas diárias de aeróbica. Certamente você não terá a energia necessária para praticar cinco horas de exercícios por dia. Da mesma forma, se tiver um emprego de cuja renda precise para sobreviver, não terá o capital necessário para treinar tanto tempo. Afinal, você precisa do tempo disponível para criar a renda que lhe dará a sobrevivência.

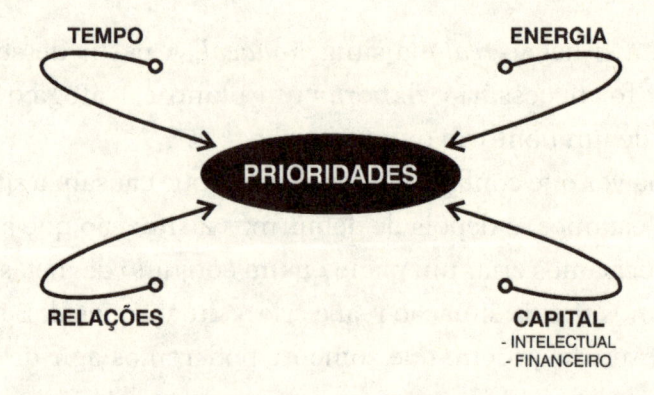

Se você não possui o tempo, mas sim o capital, talvez uma lipoaspiração seja parte da estratégia que pode solucionar seu problema. Mas uma lipoaspiração, ou mesmo duas horas de aeróbica, não pode ajudar muito se você não se libertar do grupo de amigos que se reúne duas ou três vezes por semana para beber cerveja e comer pizza. Por isso, é fundamental que você defina sua prioridade e organize os quatro recursos — tempo, energia, capital e relações — em torno dessa prioridade.

Em outras palavras, a criação de uma estratégia sempre precisa levar em conta dois fatores. O primeiro é a prioridade. O segundo é estruturar seus recursos em torno dessa prioridade. Sem uma prioridade você não conseguirá definir uma estratégia, por uma razão muito simples: você não tem um ponto específico no qual investir seus recursos. Aliás, se você quer saber qual é a sua prioridade neste momento, basta fazer um levantamento de onde você está investindo seu tempo, sua energia, seu capital e suas relações sociais. Simples assim.

7.

Aqui chegamos, então, ao quarto elemento da inteligência prática: a ação. E ação significa trabalho duro. Tanto física como mentalmente. Hoje, muita gente defende a ideia de que não é preciso trabalhar duro para alcançar sucesso. Isso se deve, em parte, pelas diferenças de compreensão do significado da palavra "trabalhar". Para muitos, trabalho é algo desagradável, penoso e indesejado — o oposto de prazer. Esse é o sentido convencional. Mas pessoas que se destacam costumam estabelecer sua carreira sobre sua habilidade natural. Elas amam aquilo que fazem. E a ideia que elas têm sobre trabalho não é a mesma que usamos no sentido convencional.

Aqueles com desempenhos extraordinários gostam do trabalho. Trabalhar, para eles, na verdade, é viver e curtir. Quase sempre somos induzidos a apreciar o que é bom e a rejeitar o que é ruim, a elogiar aquilo que nos agrada e a reclamar daquilo que nos desagrada. Fazemos isso automaticamente, sem pensar. Mas que benefícios colheríamos se todas as nossas ações levassem em conta os quatro elementos da inteligência prática?

Imagine uma academia de ginástica. Na sua origem, esse era um ambiente basicamente frequentado por pessoas do sexo masculino. Só depois, com o passar do tempo, as academias passaram a ser frequentadas também pelas mulheres. Porém, esse ambiente não foi criado para elas, que eram obrigadas a compartilhar os mesmos equipamentos que os homens. Mais tarde, claro, foram introduzidas práticas exclusivas para elas. Mas, mesmo assim, elas tinham que compartilhar o ambiente com estranhos, e assim viam-se expostas aos olhares, muitas vezes maliciosos, dos homens frequentadores. Isso intimidava a mulher mais sensível. Essa era a situação real.

A mudança e criação da estratégia que altera esse quadro, como vimos, começa exatamente neste ponto: a constatação da situação real. Sem esse ponto de partida e sem o reconhecimento da insatisfação existente nele, torna-se difícil buscar ou criar uma situação ideal. O pensamento filosófico é uma parte essencial da mudança. Sem ele não há rompimento com o *status quo*. O próximo passo é a criação do cenário ideal, que representa a solução do problema.

Em 1992, Gary e Diane Heavin, um casal de empreendedores do Texas, olharam para as academias tradicionais do mesmo modo como Bill Bratton olhou para a violência de Nova York. E não foi difícil perceber o quanto as mulheres estavam deslocadas dentro desse ambiente. Em seguida, usando o pensamento de cenário, o casal estabeleceu um esboço do que imaginou um ambiente ideal para uma mulher se exercitar. Através do pensamento estratégico, Gary e Diane elaboraram um plano que possibilitasse transformar sua ideia em realidade. E então, fundaram a Curves, uma academia que aceita apenas mulheres como membros.

Na Curves, os exercícios duram apenas trinta minutos. Os equipamentos são diferentes dos usados nas academias tradicionais. Quase todos são hidráulicos. Não necessitam de ajustes, são fáceis de usar, e a probabilidade de se sofrer alguma lesão é muito pequena. As esteiras, em vez de organizadas em filas, com uma tela de TV ao fundo, formam um círculo, e raras vezes o número excede dez. Esse formato possibilita às clientes da academia interagir umas com as outras. E se você tem noção do que acontece quando um grupo de mulheres se sente livre e estimulada a interagir, sabe que trinta minutos passam num piscar de olhos.

Mas a principal vantagem da Curves é que ela aceita apenas mulheres. Além de dividir experiências e fazer amizades, elas estão livres dos olhares masculinos. A mulher entra na academia, inicia o processo de exercícios e, em trinta minutos, está pronta. Por fim, a facilidade e a praticidade do sistema também oferece um preço mais acessível. Mais uma vantagem que separa a Curves da academia tradicional.

Quais foram os resultados práticos dessa ideia? A Curves cresceu de forma extraordinária. Primeiro, nos Estados Unidos; em seguida, na maior parte do mundo. Por ser uma empresa privada, não existem dados precisos sobre seu faturamento. Estima-se, entretanto, que ele ultrapasse os US$ 3 bilhões por ano.

Se você analisar os demais exemplos que vimos até aqui, notará que os quatro elementos que compõem a inteligência prática estão presentes em todos. E quando falamos que ela é um tipo de conhecimento voltado para a ação, o que verdadeiramente queremos dizer é que a ação é a base sobre a qual os demais se estruturam. Tanto a mentalidade filosófica quanto a de cenário e de estratégia dependem da ação. A pergunta, portanto, é: o que faz com que algumas pessoas sejam orientadas para a ação e outras não? É o que veremos no próximo capítulo.

CAPÍTULO 7

O EQUÍVOCO DE ARISTÓTELES

"Perguntas excelentes, assim como grandes objetivos, são grandes e específicas. Elas te empurram e esticam, e apontam para respostas igualmente grandes e específicas."

GARY KELLER
EMPRESÁRIO E ESCRITOR

1.

Era o verão de 1956. Ruth Handler, uma californiana que viajava com a família pela Europa, caminhava a esmo pelo centro de uma pequena cidade no interior da Suíça. Na vitrine de uma tabacaria, Ruth avistou uma boneca. Mas não era uma boneca qualquer. Aquela era diferente. Tinha cerca de trinta centímetros de altura, cabelos compridos e prateados, pernas longas e quadris acentuados. O busto era saliente, e o rosto, destacado por uma maquiagem pesada. Não tinha nada a ver com os modelos infantis, quase angelicais, populares na época. Ruth jamais vira uma boneca assim.

Mais tarde, no hotel, Ruth ficou sabendo que a boneca tinha um nome: Bild Lilli. Também soube que ela não era para crianças, mas para homens adultos, e em alguns países europeus era considerada um símbolo sexual. Ruth ficou perplexa. Bild Lilli, na verdade, era uma boneca erótica.

Ela, porém, não se importou com isso. Pelo contrário, estava fascinada com a descoberta. E mais: teve uma ideia que lhe pareceu brilhante. E se ela criasse uma boneca com uma feição similar e a colocasse à venda nos Estados Unidos? E foi exatamente o que Ruth fez.

Quando voltou para a Califórnia, com a ajuda de um estilista, ela criou o modelo e começou a fabricá-lo. Três anos depois, os primeiros exemplares da boneca estavam prontos: com cabelos para pentear, lábios finos, quadris estreitos e busto saliente. Em homenagem à filha, Ruth chamou-a Barbie. Custava US$ 3 cada. Naquele ano, Ruth vendeu 350 mil exemplares. Um número extraordinário que, nos anos seguintes, se tornaria ainda maior. Hoje, estima-se que já passou de um bilhão.

A Barbie tornou Ruth Handler uma celebridade, a mulher que realizou a fantasia de toda criança pré-adolescente. A Mattel, a empresa de Ruth, cresceu até se tornar uma das maiores marcas de brinquedos do mundo. E sua boneca Barbie tornou-se um fenômeno cultural. Não se trata apenas de um produto de consumo, mas também de objeto de análise e estudo de pesquisadores e cientistas sociais em várias partes do planeta. O que você acha que pode ser aprendido a respeito do sucesso ao analisar a história que resultou na criação da Barbie?

2.

O filósofo grego Aristóteles (384 a.C–322 a.C.) acreditava que todos os "porquês" poderiam ser respondidos com uma única teoria. Ele chamou-a de teoria da causa eficiente. Aristóteles via a causa eficiente como uma força comum por trás da origem de todas as coisas. Essa força seria aquilo que torna possível o surgimento de qualquer objeto, evento ou circunstância. Uma oliveira, por exemplo, é o resultado da semente da oliva, que produzirá a árvore, que é a sua causa final. A fórmula também se aplica no processo inverso: a árvore determina a natureza da semente e o tipo de desenvolvimento que seguirá para se tornar tal árvore. Em outras palavras, Aristóteles acreditava que existia um sistema lógico e previsível de causa e efeito que regulava tudo no universo.

Ainda hoje, acreditamos que, de certa forma, a mesma lógica se aplica a tudo. Somos treinados a pensar que uma causa eficiente sempre produz uma causa final correspondente. O aluno aprende, se torna preparado e terá uma vida de sucesso. Quanto mais aprende, mais preparado estará, e mais sucesso terá na vida. E isso faz muito sentido. É uma conclusão óbvia. O aluno que obtém os melhores resultados na escola terá a melhor colocação no vestibular. Consequentemente, poderá escolher os melhores cursos e frequentar as melhores universidades. Em razão disso, poderá escolher os melhores empregos e, como causa final, terá uma vida melhor.

Vejamos outro exemplo. O que acontecerá se você ensinar ao seu filho virtudes como compaixão e amor ao próximo? Ele terá um comportamento que manifesta compaixão e amor ao próximo. Uma causa eficiente criando uma causa final exata e lógica.

Se pensarmos bem, também é isso o que nos mostra a história que deu origem à Barbie. Uma mulher encontra uma boneca erótica, fica impressionada com ela e decide comprar um exemplar. Em casa, tem a ideia de criar um modelo similar e colocá-lo à venda. Uma vez no mercado, ela torna-se um fenômeno de vendas. Consegue perceber o padrão? Seguimos o princípio de Confúcio: "Se queres conhecer o passado, examina o presente, que é o resultado do passado. Se quiseres conhecer o futuro, examina o presente. É ele que define teu futuro".

É assim também com as grandes descobertas. Você já deve ter ouvido falar de Arquimedes e de como ele descobriu a lei do empuxo, também chamada de o Princípio de Arquimedes. A história é bastante conhecida, está nos livros de ciência do ensino médio. Certo dia, Arquimedes entrou numa banheira cheia de água, e, de repente, saiu de lá gritando "Eureca! Eureca!". O que aconteceu? Vendo a água subir na banheira enquanto seu corpo imergia nela, Aristóteles teve um *insight*, e pronto: descobriu a lei do empuxo.

E como Johannes Gutenberg, o inventor que deu o pontapé inicial na revolução da imprensa, teve a ideia de construir a máquina de impressão gráfica? De modo casual, vendo um vinicultor amassar uvas com uma prensa de vinho. E como Isaac Newton descobriu a lei da gravidade? Ao ver uma maçã cair da macieira. Dmítri Mendeleiev certa noite sonhou com equações químicas, e, ao acordar, tinha na cabeça a primeira versão da tabela periódica.

Histórias assim nos fascinam. E aposto que muitos compartilham dessa mesma sensação em relação a um amigo ou conhecido. Pessoas comuns que, num momento mágico, tiveram um *insight* que mudou tudo. De repente, uma causa eficiente se manifestou criando uma causa final completamente inesperada. Mas será que é mesmo tudo tão óbvio assim?

3.

Na parábola do Bom Samaritano, Jesus narra o suplício de um viajante que descia de Jerusalém a Jericó. A certa altura, o homem é assaltado, surrado e abandonado à beira da estrada. Um sacerdote e um levita, ambos considerados homens dignos e devotos, encontraram o viajante caído na beira do caminho, mas o ignoraram. Em seguida, veio um samaritano, membro de uma minoria mal falada e discriminada da região, que, ao contrário dos outros dois, se compadeceu do ferido e o socorreu. Ele limpou-lhe as feridas, colocou-o sobre o animal no qual viajava e o levou até uma hospedagem. Deu-lhe dinheiro para que ficasse ali até que se recuperasse e prometeu ao dono do estabelecimento cobrir as despesas caso elas excedessem o valor que deixara com o viajante.

O que fez o sacerdote e o levita ignorarem o viajante caído à beira do caminho? E por que o samaritano, de quem menos se esperaria, foi tão generoso com ele?

Na década de 1970, dois psicólogos da Universidade de Princeton tiveram a inusitada ideia de tentar descobrir a resposta a essas perguntas. De certa forma, eles vinham fazendo a mesma pergunta que levantamos no início deste capítulo. O que determina, quando estamos diante de uma ideia, situação ou produto (por exemplo: a mulher que vê uma boneca diferente), a escolha que fazemos?

Os pesquisadores decidiram buscar a resposta nos alunos de uma instituição que preza muito os valores morais: o Seminário Teológico de Princeton. Primeiro, eles separaram em dois grupos os estudantes — todos seminaristas inclinados a seguir a vocação sacerdotal — e pediram-lhes que escrevessem um texto sobre os motivos que os levaram a estudar teologia.

A intenção era induzir os alunos a pensar sobre caridade, compaixão e a virtude de servir ao próximo, premissas básicas do serviço sacerdotal. Tudo com o intuito de prepará-los para cumprir o papel do Bom Samaritano quando a oportunidade aparecesse. Em seguida, pediram que cada grupo preparasse uma palestra de cerca de dez minutos, que seria apresentada no mesmo dia para alunos da universidade, que estavam em salas do outro lado do *campus*.

Para chegar lá, era preciso que os seminaristas passassem por um corredor estreito onde havia um homem caído. Com o corpo encolhido e a cabeça escorada contra a parede, ele resmungava, tossia e pedia ajuda. Na verdade, era um ator colocado ali propositalmente pelos pesquisadores, que desejavam constatar se os seminaristas, após refletirem sobre a caridade e prontos para palestrar sobre essa virtude, iriam parar e auxiliar o necessitado.

Se a teoria de Aristóteles — uma causa eficiente produz a causa final — pode ser aplicada ao nosso comportamento, o que deveríamos esperar dos seminaristas após estudarem por horas um tema tão comovente e prepararem uma palestra sobre a importância de ajudar o próximo? Parece bastante óbvio que, ao cruzarem com o homem caído no corredor, os seminaristas o ajudariam. Certo?

Durante a experiência, os pesquisadores permaneceram numa sala monitorando a passagem dos seminaristas através de um sistema de vídeo, e observaram o comportamento de cada um deles. E o que eles descobriram? Ao contrário do que se esperava, o tema em si, a virtude da caridade, teve pouca influência sobre suas atitudes. Para ser mais específico, ele não fez a mínima diferença. Ninguém parou para socorrer o homem caído.

Os pesquisadores, então, decidiram repetir a experiência. Dessa vez, seguiram todo o processo do estudo anterior, apenas acrescentando um detalhe. Antes de cada seminarista sair da classe, cruzar o corredor e ir até a sala no prédio vizinho, onde daria a palestra, o professor fez uma última recomendação. Para alguns, ele disse com severidade: "Vê se anda logo, você está atrasado, e os alunos já estão esperando há algum tempo". Para outros, a mensagem era oposta: "Ainda falta meia hora, mas você já pode ir andando. Quando chegar lá, aguarde até liberarem a sala e alguém o chamar".

Será que acrescentar uma frase simples como essa teve algum impacto nas atitudes dos seminaristas? Sim. Na verdade, ela mudou radicalmente as atitudes deles. Quando estavam sem pressa, 63% dos seminaristas pararam para socorrer a pessoa no corredor. Quando um pouco apressados, 43% prestaram auxílio, e quando estavam com muita pressa, apenas 10% pararam para ajudar o necessitado.

A lição, portanto, é clara: não foi a causa eficiente — o que os alunos haviam aprendido minutos antes — o que influenciou suas atitudes. Na verdade, foi o oposto: a causa final. Ou seja, aquilo que determinou se eles deveriam ou não usar os princípios que haviam discutido por horas, foi o que viam logo ali na frente.

Em outras palavras, quando se trata de uma ação prática, não é necessariamente o que sabemos, ou mesmo nossa inteligência em si, ou outras características, o que nos faz agir de uma ou de outra maneira. Pelo contrário, o que determina nossas escolhas ao longo do processo é a emergência estabelecida por uma causa final. E o que isso nos sugere? Que quando se trata de pessoas, o conceito de Aristóteles funciona no sentido inverso: é a causa final que produz a causa eficiente, e não o contrário.

4.

O interesse e a curiosidade sobre o que produz nossos resultados sempre fascinaram teóricos e estudiosos. De fato, a questão é intrigante. Se, por exemplo, lhe perguntássemos o que o impede de obter uma vida melhor — mais recursos financeiros, reconhecimento, felicidade —, o que você diria? É provável que a causa fossem os fatores como inteligência, criatividade, talento, sorte e oportunidades. E o que estamos dizendo neste livro? Exatamente o contrário. Nós afirmamos que são os resultados que buscamos que criam esses fatores. De modo similar, pensamos que nosso presente é definido pelo nosso passado. Mas o que mostra o experimento com os seminaristas? Que não é bem assim. Que, na verdade, o que define o presente é aquilo que estabelecemos no futuro.

Isso nos traz para um ponto crucial. Qual é o primeiro passo para alcançar aquilo que queremos? Acreditamos que, a essa altura, a resposta já seja óbvia: definir claramente o que queremos. Entretanto, temos dificuldades em compreender isso. Diante de tal dificuldade, surge uma inclinação natural para o determinismo. Olhamos para a vida de forma superficial e saltamos para a conclusão precipitada e infundada de que são fatores aleatórios que nos empurram para determinados resultados.

Você consegue ver as consequências que isso tem na nossa vida? É dessa percepção que surge a dificuldade de mudar nossos resultados. E qual a razão disso? A resposta é simples. Essa percepção nos faz acreditar que existe uma causa externa — fatores alheios às nossas capacidades pessoais — que nos faz agir como agimos e a obter os efeitos que obtemos.

Um bom exemplo para entender isso é Mary Kay Ash. Pelo equívoco de Aristóteles, somos levados a crer que um dos fatores que a conduziram ao sucesso foi sua extraordinária capacidade de fazer com que as pessoas a sua volta se sentissem bem. Mas, como vimos, é exatamente o oposto. Mary Kay Ash fazia os outros se sentirem bem porque sabia que essa era a melhor forma de alcançar a mudança que ela queria para si. Ela não agiu em função de uma circunstância pela qual foi naturalmente favorecida. Pelo contrário, ela definiu uma necessidade, depois criou a circunstância apropriada para satisfazer essa necessidade.

O que nos leva a cometer esse tipo de equívoco na compreensão do sucesso? Para responder a essa pergunta, vale a pena nos aprofundarmos um pouco analisando o seguinte exemplo. Pense naquele filme de suspense que o deixou duas horas anestesiado no sofá. Já se perguntou como ele foi feito? Em geral, o roteirista decide o final que o personagem central terá. Depois, cria uma série de eventos que o levarão, de maneira convincente, ao desfecho que determinou com antecedência.

Suponha que o personagem central morra assassinado na última cena do filme. É preciso saber todos os detalhes da cena final, para depois criar uma sucessão de eventos que levarão o público a acreditar que foi a sucessão de eventos que causou a morte do personagem. No processo de criação, o final necessariamente vem primeiro. É em função dele que se escolhem e se definem os eventos que se sucedem ao longo do filme.

Agora, tente compreender esse processo sob a óptica do telespectador. Ele não conhece o final. Por isso, ao assistir ao filme, seguirá o processo da causa eficiente. Ele segue passo a passo a construção do roteiro, até ser levado a acreditar que foram os eventos ao longo do filme que provocaram o final. Dessa forma, o telespectador pensa que foi a sequência de atos que resultou na última cena. Mas o roteirista sabe que foi o final escolhido previamente que provocou a sequência dos eventos, e não o contrário. Primeiro, ele definiu o final, depois decidiu a sequência de eventos que o levaram ao final estabelecido.

Cometer o equívoco de Aristóteles é assistir ao filme sob a óptica do telespectador e acreditar que, para construir o roteiro, o roteirista usou a mesma sequência que você vê como telespectador. Qualquer atividade segue essa lógica. Imagine que você queira construir um automóvel. Qual seria sua primeira ação prática? A resposta é óbvia: decidir que tipo de automóvel você quer construir. Só depois disso você estaria apto a fazer uma série de outras escolhas que, colocadas em ordem, produziriam o resultado: o automóvel desejado.

5.

Será que podemos, então, estabelecer como regra geral que grandes mudanças e inovações revolucionárias são sempre o resultado do esforço em torno da busca de realização de uma causa final? Vamos testar essa teoria através de um exemplo prático do mundo dos negócios: a crise enfrentada na década de 1970 pela Swatch — uma das mais famosas marcas de relógios do mundo.

Depois de dominar esse mercado por anos, a situação mudou da noite para o dia quando países do Ocidente se viram invadidos pelos relógios digitais vindos da Ásia. Em pouco tempo, inesperadamente, relógios de quartzo vindos do Japão e de Hong Kong tornaram-se uma sensação nos países da Europa e da América. Além da óbvia vantagem monetária — um relógio de qualidade vindo da Ásia custava em torno de US$ 75; o Swatch suíço mais barato não saía por menos de US$ 130. Além disso, os relógios de quartzo eram a sensação do momento, a novidade que todos queriam, e logo passaram a dominar o mercado. E para muitos especialistas, isso significava o fim dos relógios suíços.

Diante desse cenário, Nicolas Hayek, presidente do Swatch Group, reuniu sua equipe para definir uma estratégia — era preciso encontrar um meio para eliminar os efeitos devastadores da concorrência oriental. Hayek e sua equipe logo chegaram à conclusão de que havia apenas uma forma de se manter no mercado: criar um relógio capaz de competir com os asiáticos. Para isso, um dos principais requisitos era baixar o preço dos relógios. E a equipe da Swatch se propôs a fazer exatamente isso.

O primeiro passo, então, foi estabelecer uma causa final: o preço. E a conclusão da equipe era de que o novo relógio deveria custar no máximo US$ 40. Isso era quase a metade do preço dos relógios vindos da Ásia, e apenas um terço do valor do modelo mais barato da Swatch.

Em síntese, a empresa estruturou sua estratégia sobre dois fatores: o cliente e o mercado competidor. Para o cliente, ela ofereceria a possibilidade de adquirir, em vez de um, vários relógios, e usá-los como acessórios. Para as empresas asiáticas, um relógio a US$ 40 cortaria toda a margem de lucros. Era uma estratégia genial. Havia apenas um inconveniente: fabricar um relógio a US$ 40 nos moldes com os quais a Swatch trabalhava era completamente inviável. Não daria lucro à empresa. Pelo contrário, daria um enorme prejuízo. E daí? O que fazer?

Com a causa final estabelecida — vender os relógios a US$ 40 —, chegara o momento de definir a sucessão de eventos que levaria a empresa a realizar seu objetivo. As mudanças deveriam ser drásticas. Um dos principais vilões era a mão de obra. Na Suíça, onde a empresa operava, a mão de obra era muito mais cara que nos países asiáticos. Mas esse, apesar de ser o problema mais óbvio, não era o único. Havia outros.

Para solucionar essas questões, a equipe se concentrou em três pontos. Em vez de usar o couro e o metal tradicionais na confecção dos relógios, ela passou a usar materiais derivados do plástico, que é muito mais barato. Também simplificaram o sistema de funcionamento mecânico: as peças que compunham cada relógio foram reduzidas de 150 para 51. Outra mudança foi na linha de montagem: as caixas dos relógios, antes montadas com o uso de microparafusos, passariam a ser seladas com solda ultrassônica. Somente com essa última mudança, a mão de obra, que antes representava 30% do custo total de cada relógio, caiu para 10%.

Essas três mudanças produziram uma estrutura de custo com a qual o mercado asiático teve dificuldade de competir. E assim, a Swatch superou a concorrência, reestruturou seu mercado e, em vez de ser prejudicada com a crise, acabou se fortalecendo. Graças ao seu poder de adaptação, o Swatch Group começou o século XXI como a maior companhia de relógios de pulso do mundo.

6.

Em 1945, Ruth Handler e seu marido, Elliot, em parceria com o amigo Harold "Matt" Matson, criaram uma pequena indústria de brinquedos à qual foi dado o nome de Mattel — uma combinação de partes dos nomes dos sócios ("Matt" e "Elliot"). Ruth, Elliot e Harold trabalhavam em conjunto: os homens cuidavam da criação e fabricação dos brinquedos, e Ruth, das vendas e da parte burocrática.

Aquele negócio passou a ser a vida de Ruth. Nos anos seguintes, a empresa cresceu, e ela se tornou vice-presidente executiva. Ruth adorava a parte criativa, e passava boa parte do tempo supervisionando o *design* e a produção **dos brinquedos**.

Então, acompanhando o crescimento da filha, **Ruth** observou algo incomum. Ela e outras crianças, já quase na pré-adolescência, gostavam de brincar com bonecas de papel que aparentavam ter uma idade similar à delas. Na época, não existiam bonecas adultas, apenas bebês. Com isso em mente, Ruth sugeriu ao marido a criação de uma boneca com feições e características adultas. A proposta era criar uma boneca com traços mais realistas. Um protótipo com o qual as meninas pré-adolescentes pudessem se identificar e inspirar. Sentirem-se adultas. Mas Elliot rechaçou a ideia.

Anos depois, durante sua viagem à Europa, quando deparou com a Bild Lilli na vitrine, Ruth se viu diante do protótipo que vinha imaginando havia anos. A ideia, retratada pela Bild Lilli, nunca deixara sua mente. Ela martelava em sua cabeça fazia muito tempo. Ao comprar a boneca, Ruth não tinha dúvida de que, com a Lilli em mãos, poderia convencer Elliot e Harold a produzir uma versão similar e colocá-la no mercado.

Ao chegar em casa, testou a ideia com a filha. E mais do que nunca sentiu que, com algumas adaptações, ela poderia trazer excelentes resultados. Com a ajuda de sua equipe, Ruth passou a trabalhar na execução do projeto e, três anos depois, em 1959, numa feira de brinquedos de Nova York, apresentou ao mundo a primeira versão da Barbie.

Existe uma percepção convencional de que as coisas simplesmente acontecem. Que algumas pessoas — como Ruth Handler — têm mais sorte que outras. Afinal, ver uma boneca erótica na vitrine de uma loja, fazer uma versão similar a ela e transformá-la num fenômeno como a Barbie só pode ser coisa do acaso. Mas, como vimos, o nascimento da Barbie não teve nada de ocasional. Ela nasceu do mesmo processo que deu origem aos relógios Swatch de US$ 40. Fazia muitos anos que Ruth Handler tinha uma causa final: colocar no mercado uma boneca voltada para o público pré-adolescente. A Barbie foi o resultado dessa causa final.

Acredite ou não, a experiência mostra que, quando você alimenta uma ideia em sua mente por tempo suficiente, por um estranho fenômeno, acontece o encontro com o objeto ou a circunstância que lhe trará os meios para realizá-lo. Foi assim com Ruth Handler, Mary Kay Ash, Sara Blakely, Nolan Archibald e outros tantos. Analisaremos esse princípio mais profundamente no capítulo 10, em que mostraremos como você pode criar ou desenvolver uma mentalidade inovadora e criativa.

Mas será que se investigarmos o que há por trás de grandes ideias encontraremos sempre algo equivalente ao que vimos sobre a Barbie e os relógios Swatch?

7.

Arquimedes foi um dos matemáticos mais notáveis de todos os tempos. Além disso, também era físico, engenheiro, astrônomo e um grande inventor. E como ele descobriu o princípio que leva seu nome? Quando sua fama já era amplamente conhecida, ele foi chamado pelo rei da Sicília para resolver um problema. O rei havia contratado o melhor ourives da Sicília para fazer uma coroa de ouro maciço. Era uma coroa muito especial, que o rei iria oferecer à divindade do templo. Conforme o esperado, o ourives entregou uma magnífica peça ao rei, pela qual cobrou uma fortuna. O rei pagou o valor. Mas logo surgiu uma suspeita, pois alguém alertou o rei de que a coroa não era de ouro maciço.

Como fazer para descobrir a verdade sem danificar ou destruir a coroa? Ninguém, na época, tinha ideia de como certificar-se da qualidade do ouro sem prejuízo da peça. O rei, então, mandou chamar Arquimedes. A ordem era descobrir a qualidade do ouro sem derreter a coroa. O físico se ocupou com essa questão por meses. Certo dia, entrou na banheira e observou a água transbordando, e nesse momento, teve um *insight*. Ao medir o volume de água deslocada pela coroa, Arquimedes poderia com facilidade calcular a sua densidade. Depois, era só dividir a massa da coroa pelo volume deslocado de água. Ele ficou tão eufórico que saiu da banheira gritando "Eureca!

Eureca!". Ao contrário do que pensamos, não havia nada de acidental nisso.

Johannes Gutenberg, da mesma forma, não descobriu a prensa gráfica simplesmente porque viu um vinicultor amassar as uvas com uma prensa de vinho. Ele só associou a ideia entre ambas as prensas porque estava, havia anos, buscando a solução para criar uma máquina mais eficiente para imprimir a Bíblia.

E se estudarmos a história de Isaac Newton, veremos que tampouco ele descobriu a lei da gravidade quando foi tirar uma soneca sob o pé de uma macieira e viu uma maçã cair. As coisas nunca são tão simples. Michael Howe, no seu livro *Genius Explained*, revela: "Um contemporâneo de Newton descreveu o físico como alguém que se envolvia tão obsessivamente com seus estudos e pesquisas que, se não fosse o lado prático que essas atividades muitas vezes exigiam, Newton poderia ter provocado a própria morte de tanto que ele se concentrava nos estudos". Ou seja, a genialidade de Newton, como de tantos outros, nasceu do foco em busca da solução para o problema que queria resolver.

Também não foi por ter sonhado com equações químicas que, ao acordar, Dmítri Mendeleiev tinha na cabeça a primeira versão da tabela periódica. Ele vinha trabalhando nessa tabela fazia anos, mas ainda não havia conseguido encontrar uma resposta convincente para as suas pesquisas. Certa noite, teve um *insight* que, ao contrário de tantos outros que nunca resultaram em nada, lhe revelou a resposta que ele procurava.

O que essas histórias nos dizem? Que a sabedoria convencional nos leva a acreditar que essas descobertas são ocasionais. Mas que não é bem assim. Nenhuma dessas descobertas aconteceu por acaso. Essas pessoas estavam desesperadas procurando por respostas para um desafio. E, na maioria dos casos, vinham se debatendo mentalmente com ele por décadas. E de onde veio a descoberta que buscavam?

Primeiro, esses indivíduos criaram uma causa final — uma questão que eles queriam solucionar. Depois, após longos e incansáveis anos de busca, encontraram os meios — a causa eficiente — que os levaram à almejada solução. A ideia da boneca Barbie, por exemplo, não nasceu na mente de Ruth quando ela encontrou uma boneca erótica na Europa. Esse incidente foi apenas a resposta para um quebra-cabeça que ela tentava montar com muita dificuldade fazia anos.

O mesmo processo pode ser notado em todas as histórias de sucesso. Michael Jordan, como vimos, só se tornou o atleta que conhecemos porque estabeleceu uma causa final — tornar-se uma estrela da NBA. E apenas depois, após longos anos de esforço, criou a causa eficiente que tornou sua causa final uma realidade.

Qual a lição central que podemos tirar daqui? Não é o talento natural, a criatividade, a inteligência ou o acaso que gera determinada causa final. Mas, ao contrário, é a busca por uma causa final, estabelecida de antemão, que produz os ingredientes necessários para alcançá-la.

Um exemplo disso é o estudo com os seminaristas. Apesar de serem jovens inclinados a dedicar a vida ao sacerdócio, e mesmo depois de estimulados a praticar a caridade com o próximo, o que definiu sua ação prática não foram seus sentimentos de compaixão e caridade, mas a causa final que tinham em mente. Aqueles que estavam atrasados para a palestra escolheram como prioridade chegar à sala de aula a tempo, mesmo que isso os fizesse ignorar todos os princípios vistos minutos antes e torcer o nariz para o homem caído no corredor. Aqueles que tinham tempo disponível, que não estavam sendo pressionados por uma causa final, fizeram prevalecer seus sentimentos de compaixão.

O que isso nos sugere? Que é a causa final que define nossas prioridades. Mais importante, porém, é que se não tivermos uma causa final estabelecida, o acaso raramente fará algum sentido para nós. E é sobre isso que falaremos no próximo capítulo.

CAPÍTULO 8

A DESCOBERTA DE JOHN KOTTER

*"A prática profunda não consiste apenas em esforço,
mas em buscar um esforço específico."*

DANIEL COYLE
ESCRITOR

1.

Soichiro Honda, o fundador da Honda, sempre teve claro o momento em que definiu sua causa final. Foi no dia em que um automóvel passou pela estrada poeirenta que cortava a aldeia onde ele, ainda criança, morava com os pais, no interior do Japão. Ao ver o veículo, Soichiro venceu os obstáculos em seu caminho com alguns saltos acrobáticos e disparou atrás dele.

Mesmo perdido e sufocado numa nuvem de poeira, o menino estava encantado com o ronco do motor e o cheiro do combustível que se perdiam no ar. E quando o automóvel finalmente sumiu na distância, Soichiro deixou-se cair de joelhos no meio da estrada. No chão, percebeu uma mancha escura. Era uma gota de óleo. Com a ponta do indicador, tocou-a com um misto de cuidado e curiosidade. Depois, levou-a ao nariz e a cheirou. E, pelo resto do dia, carregou-a no dedo como se fosse uma marca sagrada.

Em 1922, após completar dezesseis anos, Soichiro decidiu ir atrás de um trabalho. Como se pode imaginar, ele não teve dúvida do que queria: uma atividade que envolvesse conserto e manutenção de motores. Assim, ele deixou o pequeno vilarejo de Komyo, onde nascera, e se mudou para Tóquio. Lá, conseguiu um emprego numa concessionária de automóveis. Soichiro começou preenchendo formulários, indo ao banco, ao correio, e, quando necessário, cuidando das crianças do patrão. Porém, não foi preciso mais de uma ou duas oportunidades na parte prática da oficina para que seu talento garantisse a confiança do seu chefe para promovê-lo a mecânico.

Primeiro, Soichiro consertou os Daimler importados da Alemanha e os luxuosos Lincoln, que eram produzidos pela Ford nos Estados Unidos. Mas o Japão passava por uma época promissora, e Tóquio estava crescendo. E os sonhos de Soichiro eram maiores do que aquilo que a concessionária tinha a oferecer. Assim, em 1928, aos vinte e dois anos, ele deixou o emprego para iniciar sua própria empresa.

Nesse período, ainda cedo na vida, Soichiro começou a ganhar dinheiro e a apresentar suas invenções ao mundo. Primeiro, veio o barco de competição. Depois, um carro de corrida que ele fabricou substituindo o motor de automóvel por um motor de avião — bem mais potente. Durante a Segunda Guerra Mundial, produziu hélices para a força aérea japonesa.

Em 1945, porém, sua fábrica foi destruída duas vezes no mesmo ano: primeiro por bombardeios americanos, e depois, por um terremoto. Os prejuízos causados pelos dois eventos o levaram à falência, e Soichiro se viu forçado a vender para a Toyota o que sobrara de sua fábrica.

Meses depois, mais uma vez, ele começou do nada. Criou o Instituto de Pesquisas Honda, onde realizava pesquisas e criava inovações tecnológicas. Mas o êxito somente voltaria anos depois, através de uma ideia muito simples. Ao perceber o caos do transporte de Tóquio no pós-guerra, Soichiro teve a ideia de adaptar um motor a uma bicicleta. A ideia foi um sucesso. E em

1948, ele criou a Honda Motor Company, que logo se tornaria a maior indústria de motocicletas do mundo.

Soichiro, porém, não se limitou a fabricar motocicletas. Ele produziu geradores, motores de popa, máquinas agrícolas, carros de corrida e, em 1972, lançou seu primeiro automóvel: o Honda Civic. Depois, veio uma série de outros, tornando a companhia uma das corporações mais poderosas do mundo também nesse setor.

2.

No programa de perguntas e respostas *1 vs. 100*, da NBC americana, um convidado apenas enfrenta uma plateia de cem pessoas. No desenrolar do programa, o apresentador faz perguntas sobre uma variedade de temas, e tanto o convidado como a plateia têm de respondê-las. Quem errar é eliminado do jogo. Quanto mais integrantes da plateia o convidado eliminar, maior será seu prêmio.

Na abertura de um dos blocos do quinto episódio da temporada de 2008, o apresentador anuncia:

– Chris Langan, o homem mais inteligente da América, está conosco esta noite, e ele finalmente atingiu um valor alto.

E voltando-se para o convidado, informa:

– Você está em US$ 75 mil. Falta eliminar nove pessoas para atingir US$ 100 mil, e trinta e nove, para levar US$ 1 milhão. Você pode sair daqui agora com US$ 75 mil. Quer o dinheiro ou quer a plateia?

O convidado pensa um pouco e responde:

– Quero a plateia.

O auditório vai ao delírio. Há gritos, palmas, gestos, risos eufóricos, mas também olhares invejando em silêncio aquele homem.

Mas o que havia de tão especial sobre o convidado daquela noite? A maioria de nós tem um Q. I. médio de 100 pontos. Se o indivíduo estiver entre 131 e 140 pontos, estará na categoria dos quase gênios, e acima de 141, já será um gênio. De 195 a 200 pontos, será considerado com uma inteligência rara — um entre vários bilhões de pessoas. Historiadores estimam que Einstein tinha um Q. I. de 160; Darwin, de 165; Galileu, 185; e Newton, 190. O Q. I. de Chris Langan — o convidado do *1 vs 100* daquela noite — era de 200 pontos. O que leva muitos estudiosos do assunto a suspeitar que ele é atualmente o homem mais inteligente do mundo.

A história de Langan é atípica. Com seis meses de idade, ele já sabia falar. Aprendeu a ler sozinho aos três anos. Na adolescência, enquanto seus colegas se debatiam com o conteúdo do currículo básico do ensino médio, ele lia *Principia Mathematica*, conhecido como um dos livros mais complexos já escritos. Langan estudava latim e grego sem a ajuda de professor algum. Antes de concluir o ensino médio, respondeu às questões do SAT, uma espécie de vestibular americano, e acertou todas.

E por que você provavelmente nunca ouviu falar dele? Porque, apesar de ter um dos quocientes de inteligência mais elevados do mundo, Chris Langan não está, como poderíamos imaginar, dando aula em Harvard ou Stanford. Também não trabalha num laboratório científico particular. Tampouco, faz pesquisas para a NASA ou para o Serviço Secreto Americano. Nunca publicou um livro nem contribuiu com artigos em revistas especializadas. Ele nem mesmo conseguiu concluir um curso superior.

Para manter-se financeiramente ao longo dos anos, Langan trabalhou na construção civil, foi guarda florestal, capataz de fazenda, bombeiro, e por quase vinte anos atuou como segurança num clube em Long Island, próximo a Nova York. Em 2004, quando completou cinquenta e dois anos, mudou-se para o norte do estado de Missouri, um lugar bastante remoto, onde, ao lado de sua esposa, cuida de um pequeno rancho. Lá, ele cria alguns cavalos e outros animais, enquanto trabalha numa teoria que investiga a relação entre a mente e a realidade.

Na pergunta seguinte do *1 vs 100*, Langan se mostrou frio e calculista. Apesar de usar suas duas últimas ajudas, escolheu a resposta certa. Eliminou mais três da plateia, e seu prêmio saltou para US$ 250 mil. Quando o apresentador lhe disse que faltava eliminar dez pessoas para chegar a meio milhão, e que se eliminasse vinte ele levaria um milhão, Langan tirou as mãos dos bolsos e aplaudiu com serenidade.

– Você quer o dinheiro ou a plateia? – pergunta o apresentador.

Gritos eufóricos do auditório ecoam pedindo que ele continue.

– Vou levar o dinheiro – afirma Langan, seca e laconicamente.

Chris Langan soube perceber que tinha diante de si um risco que não valia a pena correr, e teve a capacidade e a frieza de parar antes de perder o que tinha ganhado.

3.

Ao contrário de Chris Langan, Soichiro Honda nunca foi considerado um homem inteligente. A única coisa que o distinguia dos colegas era sua vontade de avançar. Isso levanta uma questão importante: o que faz com que pessoas como Soichiro impactem o mundo enquanto outras, como Langan, são meras desconhecidas?

Na década de 1960, três pesquisadores da Universidade Yale, Howard Leventhal, Robert Singer e Susan Jones, quiseram descobrir o que levava as pessoas a agir. Para isso, eles escolheram algo bastante inusitado: estimular uma turma de estudantes a tomar uma vacina contra o tétano. A experiência tinha três etapas. Primeiro, os alunos foram conscientizados sobre os riscos e a gravidade do tétano. Depois, foram instruídos a tomar uma vacina que os protegesse da doença. Por fim, os pesquisadores analisaram que tipo de ação os estimularia a realmente tomar a vacina.

Os alunos foram divididos em dois grupos. Para facilitar a compreensão, vamos chamá-los de grupos A e B. Para ambos, foram entregues dois folhetos com instruções distintas. O grupo A recebeu um folheto cuja mensagem era bem dramática, com fotos grandes e coloridas mostrando ferimentos e outras consequências do tétano. A ideia era impactar esse grupo com os efeitos negativos da doença. Ao grupo B, no entanto, foi dado um material mais leve. A linguagem era mais moderada, e o panfleto não continha fotos.

Após a conscientização, os pesquisadores perguntaram quais alunos tinham interesse em tomar a vacina. O resultado ficou dentro do previsto: a maioria disse estar convencida da importância da imunização, e praticamente todos afirmaram que tomariam a vacina. Mas, como era de se esperar, os alunos do grupo A, aqueles que haviam recebido os folhetos com as fotos e a versão dramática, mostraram-se mais convictos a respeito da importância da vacina do que os do grupo B.

Um mês depois, quando os pesquisadores foram conferir se os alunos de fato haviam tomado a vacina, veio a surpresa: apenas 3% deles tinham ido ao posto para se vacinar. Outra surpresa foi que a forma de apresentação do tema não influenciou uma ação maior de nenhum dos grupos. Em outras palavras, não havia diferença entre o número de alunos dos grupos A e B que efetivamente tomaram a vacina. O que acontecera? Por que esses alunos deixaram de tomar a vacina? O que os fez mudar de ideia?

Em busca dessas respostas, os pesquisadores decidiram repetir a experiência. Mais uma vez, reuniram dois grupos de alunos e apresentaram as mesmas informações. Para o grupo A foi distribuído o folheto com fotos que apresentavam certa dramatização. Para o grupo B, um folheto mais simples e sem fotos; tudo como na primeira etapa. No entanto, agora, além das informações da etapa anterior, havia três elementos a mais. Primeiro, os alunos receberam, anexa ao panfleto de conscientização, uma cópia do mapa do *campus* mostrando com detalhes a localização exata do posto de vacinação. Além disso, tiveram que abrir sua agenda e marcar a data e a hora em que iriam tomar a vacina. Por último, precisaram traçar no mapa o caminho exato que seguiriam para ir até o posto de vacinação.

Será que acrescentar detalhes tão simples, como marcar um horário e traçar o trajeto a ser percorrido, fez alguma diferença? Pode apostar que sim. Na verdade, os resultados foram impressionantes. Agora, o número de alunos que tomaram a vacina aumentou de 3% para 28%.

E há um detalhe importante: como os alunos eram veteranos, eles provavelmente sabiam onde ficava o posto de vacinação. Portanto, não foi o simples acréscimo de informação que os fez tomar a vacina. Então, o que provocou a diferença nos resultados? A suspeita é de que foi o ato de visualizar a ação prática da causa final — ou seja, eles se imaginaram indo se vacinar. Ou será que existe outro motivo?

4.

Para descobrirmos, vamos nos aprofundar um pouco mais na história de Chris Langan. Por que será que ele não usou melhor sua extraordinária capacidade intelectual? Muitos jornalistas, autores e psicólogos já se debruçaram sobre essa questão. As respostas variam. Mas a compreensão real é mais simples do que parece. Pense no que fez com que a maioria dos estudantes tomasse a vacina contra o tétano. O estudo mostrou que saber a importância de tomá-la não foi o suficiente. Era preciso algo mais. O mesmo ocorreu no estudo sobre a parábola do Bom Samaritano. Apenas conscientizar os seminaristas sobre virtudes, como caridade, compaixão e o valor de servir ao próximo, não foi o bastante para fazê-los praticar essas virtudes. Também para eles era preciso algo mais.

Percebe o padrão? E o que ele nos diz? Que o conhecimento, necessariamente, não produz ação. Para agir é preciso algo a mais. E o que seria esse algo a mais? Você precisa fazer algumas coisas práticas, como marcar uma data na agenda e traçar no mapa o caminho que irá percorrer para tomar a vacina. Estranho, não é? E o que tudo isso tem a ver com Chris Langan? Será que podemos encontrar algo aqui que o tenha impedido de fazer mais da sua extraordinária inteligência? Se ouvirmos o que Langan tem a nos dizer, parecerá que sim.

Veja, por exemplo, a explicação de como ele começou sua carreira como segurança de bar, na cidade de Bozeman, em Montana, onde cresceu: "Em Bozeman, há muitos caubóis. A base do estilo de vida dos caubóis é se embriagar e tentar pôr a mão na mulher do próximo. Isso é o que um caubói faz, e sempre resulta em desavenças. Num dos bares que eu frequentava, ajudei a resolver inúmeros desentendimentos entre os caubóis. Ao notar isso, o dono do bar achou que seria interessante que eu estivesse por lá todos os dias, e se dispôs a me pagar por isso".

Você vê o que isso significa? O homem mais inteligente do mundo, certo dia, recebeu a oferta de trabalhar como segurança no bar que ele costumava frequentar e, sem mais nem menos, aceitou a oferta. Quer dizer: ele nem mesmo decidiu que queria ser segurança, essa oferta foi circunstancial. Ela aconteceu por acaso. E o mais impressionante: ele continuou exercendo essa atividade por mais de vinte anos. Mesmo depois de deixar Bozeman e se mudar para Nova York, um lugar com infinitas possibilidades de trabalho, Langan não foi capaz de romper essa ligação e mudar de emprego. Em Nova York, voltou a trabalhar como segurança.

Então, o que isso significa? Observando de fora, parece claro que uma das coisas que o prejudicaram foi a ausência de uma causa final. Em outras palavras, faltou inteligência prática. Parece que ele nunca se deu conta da importância de estabelecer uma prioridade e organizar suas ações e escolhas em torno dessa prioridade, como o fez, por exemplo, Soichiro Honda.

Talvez você esteja se perguntando: qual o problema em querer ser segurança de bar? Langan pode estar satisfeito com seu desempenho. Pode se sentir feliz e realizado em amenizar incidentes em clubes e bares. De fato, não há nada errado com isso. Mas esse não parece ter sido o caso. Veja a conversa entre ele e Errol Morris no documentário *Chris Langan: The Smartest*

Man in the World (Chris Langan: o homem mais inteligente do mundo), quando ele ainda era segurança:

> **MORRIS:** Por que querer estar num ambiente onde existe esse tipo de incidente e violência?
>
> **LANGAN:** O que o faz pensar que eu queira estar nesses ambientes? Eu lhe disse que queria estar nesses ambientes? Eu caí nesse tipo de atividade porque quis sair de outro. Se algum dia puder sair desse trabalho, serei feliz por poder fazê-lo.

Como?! "Eu caí nesse tipo de atividade"?! Sério?!

Pense em como essa história se assemelha à de Nick Leeson. Pessoas assim falam como se elas não tivessem escolhas. A habilidade específica que lhes permite tomar o rumo desejado na vida não existe. E isso nos mostra por que "Os Quatro Tipos de Mentalidade" que constituem a inteligência prática são tão importantes. Eles são o elo que liga nosso desejo à ação prática, que leva à realização desse desejo. E foi esse elo que aparentemente faltou para Chris Langan e falta para muitos de nós.

Em outras palavras, podemos dizer que a história de Langan evidencia de modo claro três coisas. A primeira é a prova real e inquestionável da importância que a mentalidade possui sobre fatores como inteligência, talento e criatividade. Está claro que, apesar de toda a inteligência de Langan, ele se tornou prisioneiro do seu modo de pensar. Sua inteligência ficou refém de sua mente.

A segunda é que, se não tivermos uma causa final estabelecida em nossa vida, iremos dissipar energias e dispersar pensamentos sobre diversos assuntos e em direções variadas sem jamais alcançar aquilo que de fato importa para nós. E por último, que a inteligência lógica e racional só produz resultados se conseguirmos desenvolver "Os Quatros Tipos de Mentalidade" que compõem a inteligência prática. Por quê?

5.

John Kotter é professor emérito da Universidade de Harvard. Tem setenta e um anos, é magro, alto, com os cabelos levemente grisalhos e duas covas profundas que vão do nariz ao queixo, o chamado "bigode chinês". Quando fala, ele usa o estilo socrático: faz uma ou duas perguntas com as quais estabelece o desafio, e em seguida, de frase em frase, constrói um argumento sólido que, por si só, vai evidenciando a resposta. Ao longo da carreira, Kotter escreveu dezesseis livros sobre o papel do líder e suas implicações nos processos de mudança. Os conceitos abordados nesses livros o tornaram, na opinião de muitos, um dos maiores especialistas do tema no mundo.

Em 2008, Kotter publicou um estudo sobre os motivos que distinguem as pessoas e as empresas com resultados extraordinários. Um bom exemplo para entender o objetivo desse estudo são as histórias de Soichiro Honda e de Chris Langan. O que levou Soichiro a alcançar um sucesso enorme enquanto Langan, apesar da sua incrível inteligência, praticamente não saiu do lugar? Ou então, pense na sua turma de faculdade. Por que alguns se deram bem e outros não? Por que aquele colega que sempre se destacava não chegou a lugar algum, e o outro, que sempre ia mal e que desistiu do curso antes de se formar, se tornou um empreendedor bem-sucedido?

John Kotter argumenta que para entender essa diferença precisamos compreender três tipos de comportamento. Pessoas que alcançam grandes resultados costumam ter uma atitude específica conhecida como senso de urgência. As demais vivem ou num senso de complacência ou num senso de falsa urgência.

Um indivíduo está imbuído de um verdadeiro senso de urgência quando possui um desejo instintivo de avançar, de dar sempre o melhor de si e desenvolver seu modo de pensar de tal forma que ele gere muita produtividade sem grande atividade. Kotter diz que aquilo que provoca esse impulso criador é um sentimento, e não, como muitas vezes pensamos, uma vontade racional produzida pela mente. Sentimentos, diz ele, têm uma força muito maior que pensamentos.

Quando não temos um senso de urgência, geralmente vivemos num estado de complacência. Sentimo-nos imersos num estado de inércia e preguiça. Andamos distraídos na nossa zona de conforto. Não estamos atentos às oportunidades. Falta consciência dos problemas que nos aguardam e dos riscos que corremos. Nos raros momentos em que avançamos, o fazemos devagar, mesmo quando a circunstância exige agilidade. "Em um nível muito básico e instintivo, os complacentes se contentam com o *status quo*. Às vezes, prendem-se ao que existe porque têm medo, quase sempre um medo irracional, das consequências pessoais da mudança", explica Kotter.

Ainda pior que o estado de complacência é o falso senso de urgência. Ele ocorre quando estamos em constante movimento, mas com nenhuma ou baixa produtividade. Todos conhecemos alguém assim. Uma pessoa que vive ocupada, que corre de um lado para o outro, nos passando uma conotação de importância, mas que, na realidade, não produz nada. Ela é como um navio que perde o leme no meio do oceano e que gira em torno do próprio eixo, e que consome, sem sair do lugar, o mesmo combustível que aquele que avança veloz em direção ao seu destino.

O principal diferencial de uma pessoa com um verdadeiro senso de urgência é sua capacidade de priorizar o que é realmente importante. Com isso, ela amplia a capacidade de tomar decisões. Em vez de ficar aguardando que o momento certo apareça, ela consegue realizar escolhas imediatas, e, uma vez que o tenha feito, não medirá esforços para concluir o que iniciou. Em outras palavras, ela define uma causa final e age no sentido de realizá-la.

"Um verdadeiro senso de urgência é raro, muito mais raro do que se possa imaginar. Ainda assim, não tem preço em um mundo que não para", garante Kotter. Na realidade, ele só será possível se você tiver estabelecido previamente uma causa final clara e sólida. Sem ela, não há como imprimir a iniciativa, a velocidade e o estado de alerta que um senso de urgência requer.

Imagine Michael Jordan praticando incansáveis horas quase sem cessar. Sara Blakely retornando para casa depois de um longo dia vendendo impressoras e passar horas, muitas vezes até tarde da noite, criando seu produto. Ou Soichiro Honda se reerguendo após cada fracasso. E então você terá uma vaga ideia do tipo de atitude que um senso de urgência cria.

6.

A maioria de nós vive num estado de complacência. Após as primeiras conquistas com recompensas razoáveis, tornamo-nos passivos. Aceitamos as circunstâncias como elas se apresentam. Num estado de complacência, desejamos mais, queremos mais, sentimos a vontade de ter mais; porém, diante da crença de que talvez não tenhamos os atributos necessários para obter o que desejamos, acabamos por aceitar a situação em que nos encontramos como a melhor para aquele momento.

O falso senso de urgência é bem distinto do estado de complacência, contudo, o resultado é o mesmo. Enquanto a complacência se define pela inércia, o falso senso de urgência é extremamente ativo. Nele, vivemos em constante atividade, mas, no final das contas, não produzimos nada. Nós giramos em círculos. Por estarmos sempre ocupados, temos a ilusão de estar dominados por um senso de urgência legítimo. No entanto, nossas ações, embora intensas, não seguem uma linha ascendente, progressiva, mas um processo circular. Nossa atividade não possui uma causa final, um direcionamento específico. Literalmente, corremos o dia inteiro para voltar sempre para o mesmo lugar.

Por isso, é importante não confundir um senso de urgência com atividades urgentes. O que diferencia os dois? Um senso de urgência sempre está estreitamente vinculado com a importância que uma atividade possui dentro do plano de realização da nossa causa final. Atender ao celular que toca frenético pode parecer importante, mas talvez não tenha relevância alguma para a realização do nosso propósito de vida. Assim, pessoas com um falso senso de urgência permitem que as coisas urgentes se imponham e tomem o lugar daquilo que de verdade é significativo.

Uma atividade urgente é aquela que reclama nossa atenção imediata. Mas alguém com um senso de urgência ignora o urgente e fútil e se ocupa com o importante, com aquilo que o impulsiona para a frente, em direção ao seu objetivo. Ele se preocupa com resultados práticos, com os passos e as estratégias que estabeleceu dentro de um plano maior. Por outro lado, as pessoas com um falso senso de urgência passam os dias ocupadas com coisas óbvias, pressões triviais, com atividades rotineiras que até, eventualmente, as tornam populares, mas também as deixam improdutivas.

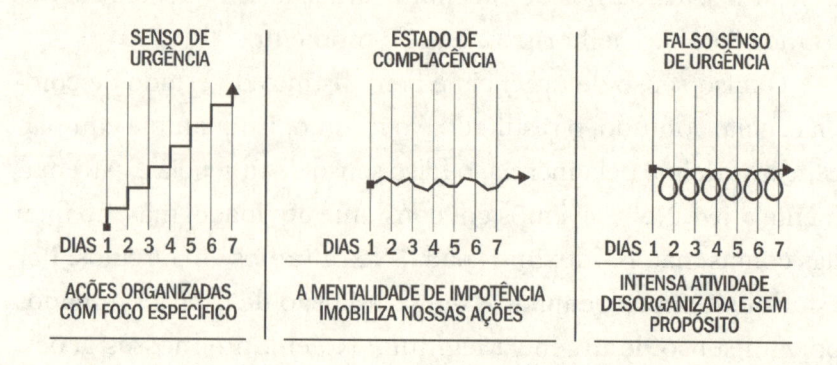

O que faz alguém viver num estado mental de complacência ou conduzir sua vida a partir de um senso de urgência?

Um senso de urgência não tem nada a ver com pensamentos e sonhos, ou com a necessidade de cumprir tarefas rotineiras ou uma lista sem fim de atividades exaustivas que estão desalinhadas com uma causa final. Um senso de urgência é uma mentalidade que transforma as tarefas diárias em degraus para alcançar um fim específico, previamente definido — que é sua causa final.

Essa diferença é crucial. Ela distingue as pessoas com uma vida feliz e bem-sucedida das demais, que vivem presas aos problemas do dia a dia sem nunca conseguir sair do lugar. Em outras palavras, o que define a inteligência prática é um senso de urgência em torno de uma causa final, estabelecida sobre nossos pontos fortes.

7.

Soichiro tinha um intenso desejo de sempre avançar, de receber os problemas e desafios com boas-vindas e encará-los com motivação e entusiasmo, em vez de rejeitá-los como coisas indesejáveis. De onde surgiu esse desejo? A resposta está na causa final estabelecida por Soichiro.

Pessoas como ele são, invariavelmente, o resultado de uma busca incansável e quase obstinada da realização de uma causa final. E o que produz essa obsessão? A explicação para esse fenômeno é bem simples: elas sabem muitíssimo bem o que buscam. Soichiro, por exemplo, tinha uma causa final clara que serviu de âncora para todas as suas decisões e escolhas, e ela deu a ele tudo o que era necessário para realizar seu sonho.

Quando Soichiro não conseguiu fabricar os anéis para os pistões, por exemplo, ele se matriculou no Instituto de Tecnologia de Hamamatsu em busca de conhecimento. Mas Soichiro não se importava com o curso em si. Só assistia às aulas que lhe eram úteis para aprender sobre os anéis que se desafiara a fabricar. Decepcionado, o reitor chamou-o para uma conversa, e explicou-lhe a importância de receber o diploma da instituição. Soichiro, com zelo e sutileza, ou mesmo astúcia, olhou para o reitor, surpreso, e disse: "Diploma? Um diploma vale menos que um ingresso de cinema. Com o ingresso, você tem direito de entrar no cinema. Um diploma não lhe dá garantia de nada".

Soichiro tinha um motivo claro e definido quando se matriculou na escola técnica. Dentro dele, havia uma necessidade de solucionar o problema dos pistões. Essa necessidade era a causa que definia a direção das suas tarefas diárias. Essa causa, entretanto, não era sua causa final. Ela era apenas um passo no processo de realização da causa final: o aperfeiçoamento dos automóveis. Suas atividades diárias estavam sempre direcionadas para a busca da realização desse sentido maior.

Um diploma, que em si pode ser algo interessante e útil, para Soichiro não tinha valor algum simplesmente porque não fazia parte de suas prioridades; e, por isso, não havia tempo para se distrair na sua obtenção.

Uma causa final é uma espécie de âncora na qual você firma suas decisões e escolhas. Essa âncora, quando firmada sobre suas aptidões naturais, direciona suas decisões e escolhas para um fim específico, que o levará à realização do objetivo que você determinou para a sua vida. Essa concentração de foco cria uma energia, uma paixão espontânea de desenvolver suas forças ao máximo, que produzirá o senso de urgência em torno dessa causa final, o que de forma inevitável, mais cedo ou mais tarde, provocará sua realização.

Por isso, desenvolver uma mentalidade de senso de urgência significa, basicamente, criar a base certa em sua vida. Ou seja: estabelecer prioridades em torno das suas aptidões e combater o anseio de deixar a vida te levar.

Uma causa final define suas prioridades no dia a dia e não permite distração. Ela se transforma numa âncora em torno da qual você define e organiza seus recursos e métodos de atuação. Primeiro, sua prioridade é definir a causa final. A partir de então, o processo se inverte e a causa final passa a definir suas prioridades no dia a dia. Em outras palavras, primeiro Soichiro definiu sua causa final: aprimorar o automóvel. Depois, essa causa final passou a definir suas prioridades na vida.

"Qualquer carro de corrida sendo fabricado neste momento, em qualquer parte do mundo, está sendo construído com o objetivo de vencer o nosso. E eu dou as boas-vindas a esse desafio", ele disse, anos atrás, em entrevista, referindo-se ao carro de corrida produzido pela Honda, e que era pilotado por Ayrton Senna.

PARTE III

VANTAGENS OCULTAS

As quatro singularidades que definem por que algumas pessoas têm sucesso e outras não.

CAPÍTULO 9

A HIPÓTESE DA PIRÂMIDE INVERTIDA

"Seja forte... Ser fraco é um convite à agressão, à opressão, à tirania, ao sofrimento e ao pesar."

KARONIAKTAJEH
LÍDER INDÍGENA DA TRIBO MOHAWK

1.

Howard Schultz nasceu no Brooklin, em Nova York. Ele é alto, magro e dono de um estilo elegante e alegre. Gosta de vestir calça jeans e camiseta. Nos comerciais, aparece usando avental e servindo café com um sorriso largo. Quando tinha trinta anos, Schultz entrou numa cafeteria em Milão, na Itália, e, do nada, disse para si mesmo: "Deus, isso é algo que estive procurando por toda a minha vida!". Na semana seguinte, ele retornou aos Estados Unidos com uma ideia em mente, e pouco mais de vinte anos depois, ela lhe conferira uma fortuna de US$ 2,8 bilhões.

Howard cresceu num conjunto habitacional para famílias de baixa renda na parte mais pobre do Brooklyn. Cresceu dividindo um apartamento de dois quartos com os pais e com seus dois irmãos. A família não tinha dinheiro. Seu pai dirigia um pequeno caminhão-baú entregando fraldas descartáveis no comércio de Nova York e arredores. Com isso, sustentava a família. Quando Howard tinha sete anos, o pai sofreu um acidente e perdeu o emprego. A partir de então, durante anos, a família teve que se manter com o dinheiro que recebia do seguro-desemprego.

Sem recursos, Howard frequentou a escola pública, que atendia a parte mais pobre do bairro num tempo em que Nova York não era uma cidade segura e calma como agora. O piso das quadras era coberto com asfalto. Os muros, pichados. A cerca em torno da instituição, cheia de buracos. O ambiente, muitas vezes, era um campo de batalha onde gangues locais disputavam o domínio. Na época, seria difícil imaginar que alguém vivendo em um lugar assim pudesse se tornar uma personalidade de destaque no mundo empresarial.

Mas Howard, desde cedo, queria mais. Seu sonho ia muito além daquela realidade triste. Logo, ele compreendeu que para frequentar a universidade teria que conquistar uma bolsa de estudos. E o modo mais simples de recebê-la seria tornando-se bom em algum tipo de esporte. Sem ver outras saídas, Howard tomou a decisão de apostar suas fichas nisso. E quando não estava numa sala de aula, estava na quadra, treinando intensamente para tornar-se um atleta.

Ele recebeu uma bolsa de estudos e se formou em comunicação social. Quando concluiu o curso, voltou para Nova York. Sem encontrar emprego na sua área de formação, aceitou vender máquinas de xérox. Howard se levantava cedo todas as manhãs, pegava sua apostila com catálogos, o bloco de pedidos e ia para o centro comercial de Manhattan. Escolhia um prédio, entrava no elevador e subia até o último andar. Lá, começava a visitar sala por sala, andar por andar, até dar de cara com o térreo outra vez.

Howard fez isso durante anos. Depois, tornou-se gerente de vendas de uma indústria sueca de utensílios domésticos. Foi ali que, certo dia, notou um fenômeno estranho: um pequeno varejista de Seattle fazia um número elevado de pedidos para certo tipo de máquina de coar café. Os pedidos desse cliente eram superiores aos da Macy's — a poderosa rede de departamentos com mais de quinhentas lojas espalhadas pelos Estados Unidos.

A empresa se chamava Starbucks e vendia café em grãos de alta qualidade. Em 1981, Howard decidiu ir para Seattle visitá-la, e tornou-se amigo dos proprietários. Um ano depois, adquiriu parte da empresa. Por algum tempo, tentou convencer os sócios a transformar a Starbucks numa rede de cafeterias, mas eles não concordaram. Não queriam vender café em copo. O argumento era de que já existiam lugares demais fazendo isso nos Estados Unidos. Mas Howard estava determinado a perseguir seu sonho. E em 1985, vendeu sua parte na empresa. No ano seguinte, com a ajuda de alguns amigos, conseguiu arrecadar o investimento necessário e abriu sua própria cafeteria, a Il Giornale, nome dado em homenagem ao diário de Milão, cidade onde tudo havia começado.

2.

Imagine que lhe pedíssemos para sair por aí e perguntar às pessoas algo bem específico: O que as motiva a fazer aquilo que fazem? O que você descobriria? É bem provável que ouvisse uma miscelânea de razões. Algumas diriam que é o dinheiro. Outras, que é a família. Outras, que é sua missão de vida; e assim por diante. Cada uma diria algo diferente. E no final, seria muito difícil chegar a um denominador comum. Mas foi exatamente isso o que consagrou o psicólogo americano Abraham Maslow. Ao longo dos anos, Maslow utilizou suas experiências clínicas para investigar as necessidades básicas que motivam as pessoas a agir. Então, o que nos move? O que nos faz atuar?

Quando nos vemos diante de uma questão como essa, a primeira coisa que vem à mente é alguma ideia preconcebida. Algo como a "missão de vida", por exemplo. Mas Maslow percebeu que nada é tão simples. Em suas experiências, ele descobriu que temos três tipos de necessidades: biológicas, psicológicas e sociais. Todas as três demandam uma série de necessidades menores que têm de ser satisfeitas. Isso o levou à conclusão de que o ser humano é um eterno insatisfeito, e que a origem dessa insatisfação vem das suas inúmeras necessidades.

Assim, ele organizou essas necessidades em uma série hierárquica que segue o formato de uma pirâmide. Na base, estão as necessidades fisiológicas — como alimentação, repouso e abrigo. Em seguida, vem a segurança — que é a necessidade de ter um certo grau de certeza de que nada de ruim irá nos acontecer. Depois, vêm as necessidades sociais — que é a vida em família e na comunidade. No quarto nível, está o reconhecimento e a autoestima, e, no topo da pirâmide, vem a autorrealização.

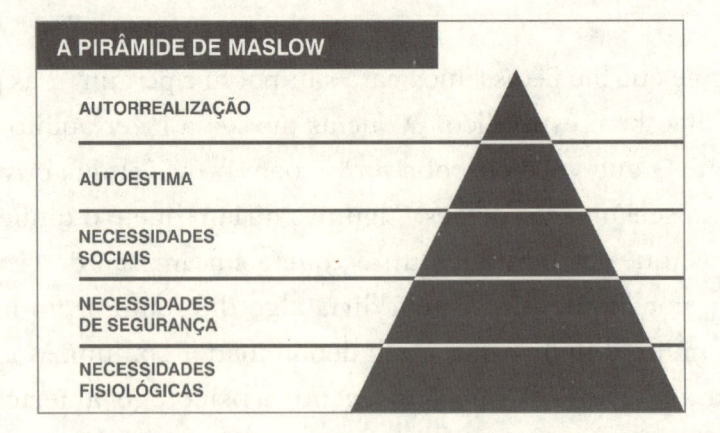

174

Mas o que realmente intrigou o mundo acadêmico e tornou a Pirâmide de Maslow tão famosa foi o que ele descobriu depois: o modo peculiar como essas categorias estão relacionadas entre si. Apenas após satisfazermos de forma plena um tipo de necessidade, concluiu Maslow, estaremos motivados para satisfazer o próximo.

O que isso quer dizer? Observe a imagem acima. Maslow descobriu em seus estudos que se você está com frio, fome, sede ou sono, nada poderá ser mais urgente do que satisfazer essas necessidades. Mais importante, porém, é que somente depois de suprir essa demanda é que aparece outra preocupação no nosso radar: alguma garantia de que não existe nada ameaçando nossa segurança e estabilidade. Será que terei emprego amanhã? Tenho certa garantia de que conseguirei pagar as contas no final do mês? Estou seguro de que terei comida para alimentar minha família?

Resolver todas essas questões não é fácil, e já consome boa parte da nossa energia diária. E é só depois de responder a todas essas questões que o olhar se volta com uma atenção maior para os prazeres de família, amigos, colegas e vida comunitária. E então, apenas após tudo estar em ordem com a nossa vida social, é que vem o interesse pelo valor próprio — nossa autoestima. Depois desse estágio, alcançamos o topo da pirâmide e começamos a questionar realizações mais íntimas, como nossas paixões pessoais, experiências vocacionais, missão de vida, desenvolvimento do potencial e o nosso papel no mundo.

Maslow insiste na importância de explorar nossos talentos, capacidades e potencialidades. Ele acredita, porém, que somente seremos motivados a fazê-lo depois de suprir os outros quatro níveis de necessidades. Você acha, por exemplo, que quando sua amiga vai prestar concurso público ela está preocupada com outra coisa que não seja o salário e a segurança?

Pode ser. Mas com muito mais frequência, tudo o que ela quer é um salário que supra suas necessidades fisiológicas, ofereça segurança e, talvez depois, lhe dê algum status.

É claro que essa composição hierárquica está longe de ser perfeita. Mas ela é uma boa ilustração para entender por que vivemos tão frustrados em nossa vida profissional. Vamos descobrir?

3.

Recentemente, um grupo de pesquisadores liderados por Dan Ariely, professor de economia comportamental do Massachusetts Institute of Technology — MIT [Instituto de Tecnologia de Massachusetts], decidiu descobrir o efeito que a falta de reconhecimento de certo trabalho teria sobre a motivação para executá-lo. Na verdade, Ariely queria encontrar a resposta para a seguinte pergunta: será que pequenas depreciações no significado de certas atividades impacta o desejo de realizá-las?

Primeiro, ele escolheu um grupo de estudantes dispostos a participar do experimento. Para a participação havia apenas um requisito: o voluntário deveria ser apaixonado por legos. A tarefa do participante era montar um lego Bionicle — pequeno robô de combate de quarenta peças —, e ele seria recompensado em dinheiro por cada lego montado. O valor seguia uma escala decrescente. Pelo primeiro, ele recebia US$ 2. A partir do segundo, o valor se reduzia em US$ 0,11 por lego. Assim, ele recebia US$2 pelo primeiro, US$ 1,89 pelo segundo, US$ 1,78 pelo terceiro e assim sucessivamente, até que decidisse parar. Não havia limite de tempo, e cada participante poderia montar quantos Bionicle quisesse.

Em seguida, Ariely separou os voluntários de modo aleatório em dois grupos. Um deles se chamava grupo "da condição significativa", e o outro, "da condição sisífica". Apenas um detalhe distinguia o experimento entre os dois. No grupo da condição significativa, assim que o voluntário terminava de fazer a montagem, o lego era colocado numa caixa e guardado embaixo da mesa. No grupo da condição sisífica, por sua vez, o lego era imediatamente desmontado para que o voluntário pudesse usar as mesmas peças para montá-lo outra vez. Tudo com o objetivo de ver se haveria alguma diferença no resultado entre os dois grupos.

No final, os participantes do grupo da condição significativa construíram em média 10,6 Bionicles e faturaram, em média, US\$ 14,4, ao passo que os do grupo da condição sisífica montaram em média apenas 7,6 e faturaram US\$ 11,52. Nesse grupo, somente 20% dos participantes montaram Bionicles quando o pagamento era inferior a US\$ 1 por lego, contra 65% do primeiro grupo. Percebeu a diferença? Apesar de os dois grupos receberem o mesmo valor por Bionicle montado, aqueles que não viam propósito na montagem do brinquedo desistiam muito antes que os do outro grupo.

O que você acha que essa experiência nos diz sobre a Pirâmide de Maslow? Talvez, a princípio, possa parecer que elas não têm muito a ver. Mas se pensarmos um pouco, veremos que ela serve como uma boa reflexão inicial sobre a verdadeira relação entre motivação e trabalho. O que é isso? Mesmo quando a pessoa faz algo que ama, como no caso dos voluntários na experiência com os legos, o significado desse trabalho para a pessoa terá grande impacto na motivação para realizá-lo.

A impressão que temos é de que as pessoas trabalham de acordo com o quanto recebem pelo que fazem. E se quisermos que elas trabalhem mais, basta recompensá-las financeiramente por isso e farão o que quisermos. Se você é nosso funcionário e está insatisfeito com seu emprego, mas nós não quiséssemos perdê-lo, uma possibilidade comum seria aumentar seu salário. Acreditamos que com isso aumentaríamos seu nível de satisfação. Mas na realidade não é bem assim.

Na década de 1990, o psicólogo americano Frederick Herzberg mostrou que os fatores que produzem a satisfação são completamente distintos dos que produzem a insatisfação.

O que isso quer dizer? Vamos supor que você seja um funcionário de carreira na prefeitura de sua cidade. Você recebe um salário capaz de suprir suas necessidades fisiológicas, tem estabilidade no emprego garantida por lei, uma vida social razoável e um status que lhe permite uma boa autoestima. Nesse caso, você pode até não estar insatisfeito. Mas isso não quer dizer que você necessariamente esteja satisfeito e motivado para o trabalho.

A grande inovação na ideia de Herzberg é o fato de ele identificar o que nos deixa satisfeitos e separá-lo do que nos deixa insatisfeitos. Com isso, coloca a motivação e o incentivo em dois campos distintos. Ele denominou esses campos de *fatores motivacionais* e de *fatores higiênicos*. Os motivacionais são *internos*, e os higiênicos, *externos*. Salários, status, ambiente de trabalho e relações com os colegas são *fatores externos*. E eles são importantes? É claro que sim. Quando eles não estão a contento, criam insatisfação. Mas, segundo Herzberg, eles não criam motivação. Eles são apenas um incentivo.

E o que cria a motivação? Os *fatores internos*, que são características relacionadas à tarefa do trabalho em si. Entre eles estão a realização, o reconhecimento, o senso de responsabilidade que experimentamos, a promoção e o crescimento pessoal que encontramos naquilo que fazemos. Não é suficiente, portanto, satisfazer os fatores externos. É preciso, também, satisfazer os fatores internos.

Em outras palavras, Maslow mostra em sua pirâmide o que nos incentiva, e não o que nos motiva. Necessidades fisiológicas — como fome, sede e frio, por exemplo — são um incentivo que nos leva à ação, mas não são, necessariamente, fatores que nos motivam. Uma pessoa com fome é uma pessoa insatisfeita. E o que acontece quando os fatores externos são satisfeitos? Eles apenas deixam de produzir insatisfação. Então, em síntese, ao enriquecer os fatores externos, como oferecer excelentes condições de trabalho, salário justo e ótimas relações no ambiente, você não produz motivação. Apenas reduz ou elimina insatisfação.

Os fatores que influem na produção de satisfação profissional não têm ligação com os fatores que levam à insatisfação. A motivação é resultado das expectativas possíveis, e ela tem a ver, diretamente, com nosso crescimento profissional. Por isso, a motivação sempre está ancorada no nosso potencial. Mesmo quando um trabalho oferece fatores externos excelentes, como um ótimo ambiente de trabalho, salário bom, status e relações interpessoais saudáveis, eles não criam motivação. Mas quando eles não são bons, criam insatisfação.

Ou seja, os fatores externos criam as condições básicas e necessárias para que você possa trabalhar, mas eles não são suficientes para motivá-lo a evoluir em sua carreira profissional.

Considere o salário, por exemplo. Para Herzberg, ele tem pouco efeito motivador: ele gera insatisfação quando não está adequado, mas não causará motivação quando estiver acima da expectativa.

O que isso nos revela sobre a Pirâmide de Maslow? Até onde pudemos verificar, a base da motivação não é e nem pode ser suprir nossas necessidades fisiológicas, mas buscar nossa autorrealização. Por isso, quando se trata de motivação, o correto é inverter a pirâmide de Maslow.

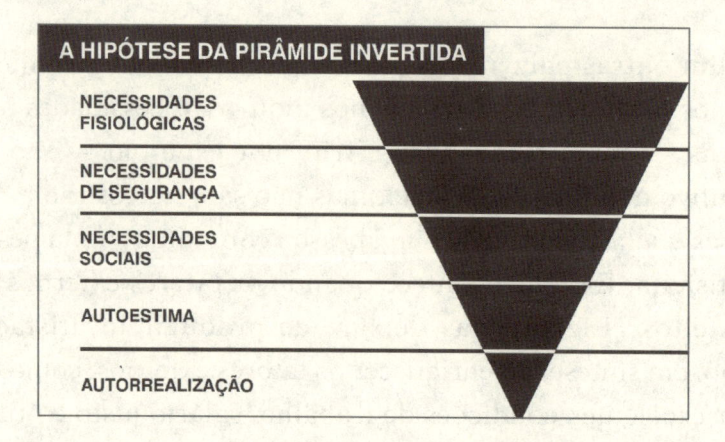

Olhando por esse prisma, acredite ou não, a única coisa que precisamos buscar é nossa autorrealização. Por quê? Uma pessoa autorrealizada automaticamente terá uma ótima autoestima, e com isso, relacionamentos fortes e saudáveis, que suprirão suas necessidades sociais. Realizada, com boa autoestima e relacionamentos saudáveis, ela se sentirá segura e sem receios quanto a conseguir suprir suas necessidades fisiológicas.

A pergunta que você deve se fazer, então, é a seguinte: eu me sinto realizado no meu trabalho? Tenho a oportunidade de fazer, todos os dias, aquilo que sei fazer melhor? Uma pesquisa realizada em 2012 pelo Instituto Gallup fez essa pergunta a milhares de trabalhadores nos Estados Unidos. Pode ser difícil de acreditar, mas o resultado mostrou que quando a resposta é afirmativa, a produtividade é bem superior a quando ela é negativa. Mas não só isso. O resultado também é refletido diretamente no cliente. Quando funcionários de uma determinada empresa afirmaram que gostavam das suas funções, o histórico de satisfação do cliente dessa empresa era 44% superior a quando os funcionários afirmavam não terem a oportunidade de dar o melhor de si no trabalho.

Empresas que fizeram uma reorganização da sua força de trabalho, colocando os membros da equipe onde eles se sentiam mais realizados, logo perceberam algo maravilhoso acontecendo. Num curto período, houve um considerável aumento em três fatores essenciais: produtividade, fidelidade ao cliente e nível de satisfação do próprio empregado.

A hipótese da pirâmide invertida nos mostra, então, uma vantagem oculta que beneficia pessoas com desempenhos extraordinários. Ela diz que a regra número um da motivação é estruturar sua carreira sobre uma atividade que o motive de forma natural. Sobre algo que dê sentido e um senso de autorrealização para a vida. Quando você busca a autorrealização, todos os demais níveis da pirâmide são satisfeitos automaticamente.

4.

Voltemos à história de Howard Schultz. Em 1983, quando ele fez a viagem à Itália, foi a primeira vez que visitou a Europa. Naquela pequena cafeteria aconchegante de Milão, enquanto tomava seu café, Howard teve um pensamento intrigante: por que nos Estados Unidos não havia aqueles pontos de encontro elegantes e acolhedores?

Após pensar um pouco, Howard concluiu que, na verdade, não existia nada que justificasse isso. Aquele era um nicho de mercado ainda não explorado. O país tinha uma série de cafeterias onde as pessoas podiam comprar um copo de café e um lanche, mas esses ambientes não se pareciam em nada com as charmosas cafeterias italianas, pelas quais Schultz era apaixonado. Então, uma pergunta óbvia lhe ocorreu: e se ele levasse esse conceito para os Estados Unidos?

Era uma ideia fascinante. Howard acreditava ser quase impossível ela não se tornar um sucesso. Em sua mente, conseguia ver em detalhes como seria esse espaço. E, quanto mais pensava no projeto, mais o desejo de realizá-lo crescia.

Quando voltou a Seattle, ele propôs a ideia a seus sócios da Starbucks, mas eles a rejeitaram. Não queriam entrar no ramo de cafeteria. Schultz insistiu até que, por fim, deixou a Starbucks para realizar seu desejo e criar sua própria marca. Anos mais tarde, seus ex-sócios lhe ofereceram a Starbucks por US$ 3,8 milhões. "Esse pode parecer um valor irrisório se comparado ao faturamento atual da Starbucks. Mas em 1985, eu não tinha um centavo sobrando para investir nessa aquisição", ele conta. Porém, mesmo não tendo o dinheiro, Howard não pensou duas vezes: deu um jeito de consegui-lo, adquiriu a Starbucks e transformou-a numa cafeteria.

A história de Howard Schultz é uma ilustração clara do poder que existe em uma ideia que tem um sentido maior por trás. E essa é uma base fundamental, uma vantagem oculta de todas as pessoas que alcançam desempenhos extraordinários. Não há nelas a preocupação em satisfazer necessidades fisiológicas ou a obsessão por segurança ou status social. Elas buscam, em primeiro lugar, a autorrealização. Elas querem algo que as preencha, que as satisfaça. Em troca disso, estão dispostas a sacrificar o que não for tão importante.

Em outras palavras, a história de Howard Schultz nos mostra que todo sucesso começa sempre com um desejo. Mas esse desejo não pode ser apenas uma vontade, ou uma vaga esperança de conseguir algo. Ele precisa ser um fogo que arde dentro da pessoa, e precisa ser mais forte do que qualquer obstáculo que possa aparecer no caminho de sua realização. Esse fogo, mesmo que esteja apagado, existe em cada um de nós. E ele pode ser aceso e alimentado. Como?

5.

No início da década de 1990, os psicólogos ingleses Sheina Orbell e Paschal Sheeran decidiram descobrir a força que existe por trás da motivação. Para isso, escolheram um grupo de voluntários considerados extremamente resistentes a mudanças: idosos que haviam acabado de fazer uma cirurgia no joelho e/ou no quadril.

No corpo físico, uma articulação é onde dois ou mais ossos se encontram, como no joelho, quadril ou ombro. Na cirurgia de substituição de articulações, como a que foi realizada nos voluntários desse estudo, o médico remove a articulação danificada e implanta uma nova em seu lugar.

Em qualquer idade, recuperar-se de uma cirurgia de articulação exige força de vontade e disciplina. Mas essa recuperação pode ser ainda mais complicada e dolorosa quando se está em idade avançada. Por quê? Porque após a substituição da articulação, tanto no joelho como no quadril, ainda no mesmo dia da cirurgia o paciente em geral é orientado a ficar em pé ou caminhar. Isso é necessário para evitar que a articulação crie conexões fixas. Qualquer movimento ou toque pode ser insuportavelmente dolorido. Essa dor pode durar semanas ou mesmo meses.

Muitas pessoas, sobretudo as que se enquadram na categoria escolhida por Orbell e Paschal, costumam falhar ao longo do processo de recuperação. Isso acontece por dois motivos: primeiro, porque suas condições, muitas vezes, não contribuem ou são inapropriadas para seguir as orientações do médico. Mas o outro motivo é ainda mais determinante: que razões teria uma pessoa já próxima dos setenta anos para passar por todas as dificuldades que essa recuperação impõe? O que poderia estimular a força de vontade dessas pessoas para enfrentar esse doloroso processo de recuperação já perto do final de suas vidas?

Para responder a essa questão, Orbell e Paschal selecionaram dezenas de pacientes de um hospital ortopédico de Londres. A média de idade dos voluntários era de sessenta e oito anos. Todos eram de classe baixa e com pouca formação. Ninguém, por exemplo, tinha concluído um curso superior. Os pesquisadores, então, se propuseram a acompanhar a recuperação desses pacientes, que teriam, cada um deles, uma espécie de orientador ao longo do processo.

Logo após a cirurgia, foi dada a cada paciente uma caderneta com trinta e duas páginas. Na capa, havia instruções diárias sobre o que eles deveriam fazer durante o período de reabilitação. Nas trinta páginas do miolo, achava-se uma agenda com espaço para organizar o dia e a semana. A intenção dos pesquisadores era estimular os pacientes a programar suas sessões de atividades de acordo com as instruções contidas na capa da caderneta, estabelecendo metas claras e específicas para as atividades semanais. Depois, eles verificariam se a implantação desse tipo de metas ajudara no desenvolvimento da força de vontade necessária para a recuperação desses pacientes.

A agenda continha estímulos como: "Minha meta para esta semana é:_____". Os pacientes eram orientados a escrever exatamente o que pretendiam fazer a cada dia da semana.

Os pesquisadores monitoraram o processo de recuperação dos pacientes durante três meses. No final do período, analisaram o nível de recuperação de cada um. Também recolheram as cadernetas e conferiram quem e com que regularidade cada um deles preenchera o programa diário. Então, fizeram um cruzamento de dados, comparando o desempenho na recuperação com as informações que constavam nas cadernetas.

Aqueles que elaboraram planos semanais, como caminhadas e fisioterapia, e descreveram esse plano em detalhes voltaram a caminhar normalmente quase na metade do tempo daqueles que não haviam feito um planejamento. E o mais surpreendente: eles começaram a andar sem auxílio do andador quase três vezes mais rápido que os outros.

Orbell e Paschal também constataram que quanto mais específica a descrição do plano, mais rápida era a recuperação. Uma análise minuciosa do conteúdo das cadernetas revelou que aqueles que planejaram seus dias criaram uma defesa ainda maior contra os problemas rotineiros, como dor e mau jeito.

Em outras palavras, eles estavam determinados a encontrar as soluções dos problemas, por mais duros e dolorosos que fossem. Seu foco estava em seu desejo, naquilo que realmente importava: a recuperação. Com isso, eles não perdiam tempo com o que não era importante, ou com aquilo que atrapalharia as ações necessárias para que se recuperassem.

Orbell e Paschal descobriram que o simples ato de elaborar metas específicas em torno do desejo de recuperação criou um estado de espírito de motivação. Essas metas fizeram com que os pacientes mantivessem o foco em se recuperar, e não nas dificuldades do processo. Aqueles que não organizaram seu dia em torno de metas claras, ao contrário, mantiveram o pensamento fixo na dor e na dificuldade, e foram paralisados por esse pensamento.

O mesmo acontece em nossa vida cotidiana. No capítulo anterior, mostramos que o maior diferencial na vida das pessoas que criam um impacto no mundo é sua visão clara daquilo que desejam. A experiência de Orbell e Paschal vai além. Ela mostra que, se você possui um desejo, precisa alimentá-lo positivamente. Mas, além disso, deve estabelecer um cronograma de metas e colocá-lo em ação de imediato. Uma vez escritas, essas metas se tornam um agente motivador que o levará à ação prática.

Pense nesse processo como uma fórmula. Primeiro, você descobre sua habilidade natural. Depois, escolhe um objetivo claro que serve como sua missão de vida. Ela é seu objetivo maior. Em seguida, transforma esse objetivo na sua prioridade, criando *hiperfoco* em torno dela, tornando-a o ponto de convergência dos quatro fatores que compõem o seu poder pessoal — tempo, energia, capital e relações. Por fim, você cria metas diárias e monitora seu progresso com frequência, provocando pequenos avanços que servirão como combustível para sua motivação diante das adversidades, dos fracassos ou da estagnação — barreiras que geralmente impedem a realização de nossos projetos.

6.

Em um momento crítico na história da Starbucks, a empresa passava por uma intensa crise financeira. A situação comprometia o empenho de todo o grupo. Se olharmos para a pirâmide de Maslow e a adequarmos ao mundo empresarial, poderíamos dizer que a Starbucks não estava conseguindo suprir suas necessidades fisiológicas — que estão na base da pirâmide. E o que Howard Schultz fez para resolver a crise?

Havia várias soluções possíveis. Entre elas, a mais tentadora era abrir mão da posse das quase 17 mil cafeterias estabelecidas nos cinquenta e dois países onde a companhia operava, transformando a Starbucks numa rede de franquias. É assim que funcionam outras redes semelhantes, como McDonald's, Burger King e Dunkin' Donuts. Numa franquia, qualquer pessoa qualificada pode adquirir os direitos parciais para usar a marca.

Suponha que você queira comprar uma franquia do Burger King. Além do investimento inicial que pagaria para adquirir o direito de usar a marca e seus produtos, você também pagaria comissões mensais para o proprietário da marca. Então, se a Starbucks fosse transformada numa franquia, a empresa teria uma tremenda entrada de recursos provinda das vendas das lojas, mais uma receita mensal garantida das comissões dessas franquias. Era uma solução fácil e rápida, mas Schultz a rechaçou com veemência. "Do ponto de vista econômico, isso faria o maior sentido. Vender franquias nos daria um enorme volume de dinheiro imediato. Os retornos mensais das comissões seriam certamente maiores e representariam entradas garantidas", ele afirmou. "Entretanto, se abríssemos mão da empresa, cedendo a posse de milhares de lojas para centenas de indivíduos, seria mais difícil mantermos a confiança que nossos parceiros têm na empresa. Confiança que, por sua vez, alimenta a segurança e a conexão que estabelecemos ao longo dos anos com nossos clientes."

Descartada essa possibilidade, surgiu uma segunda ideia. Os grãos de café usados pela Starbucks estão, reconhecidamente, entre os de melhor qualidade do mundo. Isso representa um preço maior por quilo do produto que a empresa compra. O café, por si só, é caro. Em 2018, uma saca de sessenta quilos de grãos alta qualidade chegou a custar R$ 550. A Starbucks consome cerca de 182 milhões de quilos de café por ano. Para termos uma ideia, isso representa mais de 40% do café de alta qualidade produzido no mundo.

Se a empresa reduzisse em 5% a qualidade dos grãos de café que consome, isso representaria uma economia de dezenas de milhões de dólares por ano. Muitos de nós, possivelmente, pensaríamos que esse plano seria uma saída inteligente. Uma redução tão pequena na qualidade do café não haveria de fazer diferença. Mas Schultz foi enfático na sua posição: "A Starbucks jamais comprometerá a qualidade dos seus produtos para reduzir custos e aumentar os lucros".

Qual a saída, então? Howard Schultz elaborou um plano. "Eu sei o que é preciso fazer", ele disse. "Temos que mostrar a cara e fazer nosso trabalho. Isso significa encontrar a verdadeira solução dos problemas, por mais duros e insolúveis que eles possam parecer, e não buscar atalhos. Precisamos nos focar no que importa e parar de perder tempo com o que não tem relevância. E a única coisa importante é pressionar a nós mesmos a superar nossos limites, achar alternativas para resolver os problemas que estão mais próximos de nós e permanecer alertas e atentos para os detalhes que usualmente não vemos, além de procurar formas de nos tornar melhores, mais inteligentes, mais eficientes. Inovar e nos reinventar sempre."

Interessante, não é? O que Schultz quis dizer, na realidade, em todos os momentos, foi que jamais podemos buscar atalhos para nos libertar da responsabilidade sobre nossos desafios e abrir mão da nossa essência. E onde está a singularidade da Starbucks? No modo de pensar de Howard Schultz. E esse modo de pensar se estrutura sobre a autorrealização, ou seja, buscar constantemente as respostas para nossas necessidades em nós mesmos, e não em fatores externos. Podemos ver que Schultz segue à risca a hipótese da pirâmide invertida. Ele jamais comprometeria a missão maior da empresa por necessidades fisiológicas, segurança ou opinião pública.

Manter o compromisso com nossa autorrealização nos momentos mais difíceis só é possível quando nosso propósito de vida está estabelecido sobre nossa paixão. E nossa paixão é um propósito interno, que nasce da fonte que sustenta nossa habilidade natural, nosso talento maior. Por isso, o empenho na busca por uma atividade que esteja estruturada sobre nossas habilidades naturais deve ser nossa principal estratégia de motivação. Essa é uma vantagem oculta de todas as pessoas de sucesso. Afinal, nada motiva mais do que a paixão pelo que se faz.

CAPÍTULO 10

O SEGREDO DO ALQUIMISTA

"Aprenda a tirar vantagem do trabalho dos outros em causa própria.
O tempo é precioso e a vida é curta. Se tentar fazer tudo sozinho,
você vai se desgastar, desperdiçar energias e se queimar."

ROBERT GREENE
ESCRITOR E ESTRATEGISTA DE MARKETING

1.

Em 1988, Paulo Coelho lançou um livro chamado *O Alquimista*, que conta a história de Santiago, um jovem pastor de ovelhas que deseja muito as riquezas do mundo. Certa noite, quando conduzia seu rebanho pelos vales da Andaluzia, na Espanha, Santiago adormeceu ao abrigo de uma figueira, junto às ruínas de uma velha igreja abandonada. E mais uma vez sonhou com um tesouro escondido aos pés das pirâmides do Egito. No dia seguinte, Santiago visitou uma adivinha para descobrir o significado desse sonho. Estimulado por ela, o rapaz vendeu seu rebanho e foi para o Egito, atrás do tesouro profetizado.

Em sua jornada, Santiago enfrentou muitos perigos: desertos, guerras, feras, salteadores, alquimistas, magos e feiticeiros. Contudo, depois de vários anos de peregrinação, finalmente chegou aos pés das pirâmides. Na manhã seguinte, começou a escavação em busca do seu tesouro. Certa noite, dois ladrões que vagavam por ali se aproximaram e, querendo roubá-lo, bateram nele com muita violência. Mas, ao perceberem que ele não tinha dinheiro e nenhum outro pertence de valor, pouparam-no da morte e, curiosos, quiseram saber o que ele fazia ali, aos pés das pirâmides.

Santiago, então, contou-lhes que sonhara duas vezes com um tesouro escondido ali, aos pés das pirâmides. Rindo muito, os ladrões o chamaram de ingênuo e idiota. Para provar a inutilidade desse tipo de presságio, um dos ladrões contou seu próprio sonho. Por várias vezes, ele sonhara com um tesouro junto a uma figueira perto de uma igreja abandonada, na região da Andaluzia, na Espanha. "Mas não sou estúpido de cruzar um deserto só porque tive um sonho repetido", disse, debochando.

Ao ouvir a história do ladrão, Santiago na hora entendeu tudo. Reconheceu o lugar do qual o outro falava: era exatamente onde ele tivera o sonho que o fizera ir para o Egito. Santiago encontrara o tesouro. Ele retornou para a Andaluzia, foi até a velha igreja abandonada e o desenterrou.

Apesar de uma decolagem lenta nas vendas, com o tempo *O Alquimista* tornou-se um dos maiores fenômenos da literatura mundial. O livro já foi traduzido para setenta e três idiomas. É comercializado em mais de cento e sessenta países e já esteve ao mesmo tempo na lista dos livros mais vendidos em dezoito deles. Em fevereiro de 2012, apesar de ter sido publicado havia quase vinte e cinco anos, ele completou duzentas e doze semanas consecutivas na cobiçada lista de *best-sellers* do *New York Times*.

Numa pesquisa recente sobre os livros mais vendidos no mundo nos últimos cinquenta anos, *O Alquimista* aparece em quinto lugar. Estima-se que suas vendas já tenham ultrapassado 150 milhões de exemplares. Ele também consta no *Guinness Book* como o livro mais traduzido de um autor ainda vivo. E a despeito de todo esse sucesso, Paulo Coelho afirma ter levado apenas duas semanas para escrevê-lo.

De onde vem a criatividade para escrever obras clássicas como *O Alquimista*? Ou de criar pinturas mágicas como as de Picasso? Ou ainda produtos, marcas e serviços que mudam a forma como interagimos com o mundo? E se você não é criativo, pode aprender a sê-lo? Como?

2.

Em 1999, uma equipe de pesquisadores da Universidade Columbia liderada por Jacob Goldenberg queria descobrir se a criatividade poderia ser estimulada em pessoas comuns. Para isso, eles convidaram centenas de alunos do curso de marketing e os dividiram em três grupos: A, B e C. Cada grupo recebeu informações básicas sobre três produtos: um par de tênis, um xampu e um produto dietético. Depois, pediram para que cada grupo criasse uma série de anúncios sobre esses três produtos.

Antes de criar os anúncios, os três grupos receberam orientações distintas. Os alunos do grupo A tiveram que criar os anúncios imediatamente, usando apenas o conhecimento que já possuíam. O grupo B, por sua vez, recebeu um treinamento de duas horas, durante as quais um especialista explicou as bases do marketing. Ele ensinou aos alunos como fazer associações de ideias, como criar conexões entre ideias e produtos e apresentou inúmeros exemplos de como utilizar essas técnicas para elaborar anúncios.

O grupo C também recebeu um treinamento de duas horas, mas, em vez de técnicas de marketing, os participantes aprenderam inúmeros princípios básicos que estão por trás do processo criativo. Em outras palavras, enquanto o grupo B recebeu técnicas sobre o que fazer para criar um anúncio, o grupo C recebeu instruções de como o processo criativo funciona e quais os princípios que fundamentam um anúncio convincente.

Um diretor de uma conceituada agência de publicidade foi contratado para analisar e avaliar os trabalhos dos três grupos. Ele não conhecia a origem ou a história por trás desses anúncios. Simplesmente os analisou e avaliou, dando sua opinião sobre cada um deles. Os anúncios do grupo A foram avaliados como chatos, irritantes e sem potencial de convencimento. Já os anúncios do grupo B — aquele que havia recebido algumas orientações sobre técnicas de marketing — foram considerados um pouco mais convincentes. E os do grupo C — aquele que recebeu instruções sobre o processo de criatividade — foram considerados 50% mais criativos do que os anúncios do B, e mais ainda do que os anúncios do grupo A.

Uma experiência bastante direta, não é? Muitas pessoas costumam pensar que o que define a criatividade é a genética. Que gente criativa já nasce com esse dom. Mas o que o estudo dos pesquisadores da Universidade Columbia nos diz? Que a criatividade pode ser aprendida. O que isso quer dizer é que, independentemente do nosso nível atual de criatividade, podemos nos tornar muito mais criativos. Que podemos ampliar nossa criatividade simplesmente por aprender como funciona o processo criativo.

Vamos lhe dar um exemplo simples de como funciona esse processo. Sem dúvida, você concordaria que todas as pessoas comuns têm habilidade de aprender a ler e a escrever, certo? Isso, porém, não significa que todas as pessoas sabem ler e escrever. Mas o fato de elas não saberem não significa que não têm a capacidade de aprendê-lo. Isso apenas quer dizer que elas ainda não foram treinadas o suficiente para fazê-lo. Em outras palavras, elas ainda não se dedicaram o bastante para desenvolver essa habilidade.

O mesmo vale para a criatividade. Se você não é criativo, não é porque nasceu sem o gene da criatividade, mas porque não está desenvolvendo sua habilidade criativa. Você pode se tornar criativo simplesmente aprendendo a pensar de uma maneira diferente.

Sabemos que isso pode ser difícil de acreditar. E a razão disso é que fomos treinados a pensar em nós mesmos como sendo criativos ou não. Presumimos que se uma pessoa não é criativa ela raramente poderá mudar essa situação. Por que temos essa impressão? Porque enquanto crescíamos fomos induzidos a renunciar a um elemento essencial para a criatividade: a imaginação. E por que isso acontece?

3.

Em 2007, Nicolas Sarkozy, então presidente francês, concedeu uma entrevista a um canal de televisão na qual fez uma afirmação bastante reveladora para o tema que estamos analisando aqui. Veja o que Sarkozy respondeu quando questionado sobre como ele se classificava intelectualmente: "Não sou um teórico. Nem um ideólogo. Também não sou um intelectual. Sou o que se poderia chamar de um *cara concreto*".

Sarkozy é um líder político. Vive da opinião pública. Podemos supor, então, que não diria isso se não soasse bem aos ouvidos dos eleitores. Essa lógica nos leva a concluir que dizer que somos pessoas concretas tem uma aceitação melhor do que dizer que somos ideólogos, teóricos ou intelectuais.

Mas o que Sarkozy quis dizer com *cara concreto*? Se refletirmos um pouco, veremos que esse tipo de pensamento não é nada incomum. Pelo contrário, ele está profundamente enraizado em nossa cultura. Em geral, gostamos de ser considerados indivíduos práticos e concretos. De certo modo, subestimamos teóricos, poetas, filósofos ou intelectuais. Por quê? Há dois motivos. Primeiro, porque somos levados a acreditar que essas pessoas vivem em universos que só existem em sua imaginação. Segundo, porque vemos a criatividade como se ela fosse, pelo menos em grande medida, um produto associado à inteligência. Mas será que isso faz sentido?

Em 2010, pesquisadores da Universidade de Dakota do Norte, nos Estados Unidos, publicaram um estudo que pode nos ajudar a encontrar a resposta a essa questão. Nesse estudo, os pesquisadores queriam descobrir se pessoas adultas com um espírito infantil eram mais ou menos criativas do que outras sob influência de um padrão mental de um adulto. Para isso, eles separaram centenas de alunos do último ano do ensino médio e os dividiram em dois grandes grupos, que chamaremos de 1 e 2, e os colocaram em salas separadas. O estudo consistia em duas atividades. Primeiro, eles entregaram uma tarefa bem simples para cada grupo. Para o grupo 1, foi dada a seguinte instrução:

Imagine que você é uma criança. Tem apenas sete anos. É de manhã cedo e você está pronto para ir à escola. De repente, recebe um aviso de que sua aula foi suspensa. Agora você tem o dia inteiro livre. O que você fará? Aonde irá? Com quem passará o dia?

Para o grupo 2, a instrução foi um pouco diferente:

É de manhã cedo e você está pronto para ir à escola. De repente, recebe um aviso de que sua aula foi suspensa. Agora você tem o dia inteiro livre. O que você fará? Aonde irá? Com quem passará o dia?

Perceba que a tarefa era praticamente a mesma. Variava apenas num pequeno detalhe: para o grupo 1, foram acrescentadas duas informações — que eram crianças e que tinham sete anos.

Os alunos dos dois grupos tiveram dez minutos para escrever o que fariam ao longo do dia. Depois disso, receberam a segunda tarefa: resolver cinquenta questões elaboradas especificamente para avaliar o nível de criatividade de cada um.

Embora os grupos tenham sido escolhidos por acaso, sem nenhum indício de que um fosse mais criativo que o outro, a diferença entre eles foi impressionante. Os alunos do grupo 1, que antes de fazer o teste de avaliação sobre criatividade se imaginaram com sete anos, tiveram um desempenho em média duas vezes maior que os estudantes do grupo 2.

Estranho, não é? O que há de tão especial, quando se trata de criatividade, em se imaginar uma criança de sete anos? A resposta mais simples é que crianças são mais criativas que adultos. Mas isso não é o suficiente. Se de fato quisermos entender o mistério por trás da criatividade é importante descobrirmos o motivo que faz as crianças serem mais criativas que os adultos.

4.

Imagine a seguinte situação: nós lhe mostramos uma fotografia com o rosto de uma pessoa e lhe pedimos que desenhe esse rosto numa folha de papel — nesse momento, todas as funções do seu cérebro estão funcionando normalmente. Na sequência, porém, conectamos você a um aparelho que reduz de modo drástico sua capacidade de analisar, avaliar e julgar. Então, com essas funções do cérebro reduzidas, nós lhe pedimos para, outra vez, desenhar o rosto da pessoa da fotografia. Em qual dos dois desenhos você acha que se sairia melhor? No primeiro, quando todas as funções do seu cérebro estariam funcionando, ou no segundo, com seu poder de avaliar, analisar e julgar reduzido?

Parece óbvio que a primeira é a resposta certa, pois acreditamos que, quando se trata de atividades como escrever, desenhar e pintar, funções como analisar, avaliar e julgar são essenciais. Mas será que é assim mesmo?

Considere esse estudo realizado por Allan Snyder, da Universidade de Sydney, na Austrália. Snyder vem estudando a criatividade há décadas. Em suas pesquisas, ele usa uma técnica conhecida como Estimulação Magnética Transcraniana, ou EMT. Criada em 1985, essa técnica utiliza-se de campos magnéticos para acessar, de forma não invasiva, diferentes partes do cérebro. Em outras palavras, Snyder usa pulsos magnéticos para estimular ou anular temporariamente as funções normais de determinadas partes do cérebro.

Em suas experiências, Snyder pede aos pacientes que desenhem objetos e resolvam quebra-cabeças, enquanto ele analisa e grava de forma meticulosa os resultados. Depois, ele conecta os pacientes ao EMT e anula as funções do lobo frontal esquerdo e dos lobos temporais do cérebro, responsáveis por processar os estímulos auditivos pelo pensamento abstrato e criativo. No processo evolutivo do nosso cérebro, o lobo frontal esquerdo é a parte mais recente. É através dele que analisamos, avaliamos e julgamos. É ele que nos diz, antes mesmo de tentarmos realizar certa atividade, se somos capazes ou não de realizá-la.

Quando essas partes do cérebro são conectadas ao EMT, suas funções básicas são reduzidas, e a influência dos moldes mentais que formam nossa mentalidade é anulada. O que isso significa? Sem a influência do pensamento, agimos por instinto.

Usamos nossas habilidades naturalmente, sem nos questionar se somos capazes ou não de executar determinada tarefa. Apenas a executamos.

No experimento de Snyder, uma das tarefas dadas aos voluntários é desenhar o rosto de uma pessoa copiando-o de uma foto. Os voluntários, primeiro, o fazem não conectados ao EMT, e o resultado são desenhos vagamente parecidos com a fotografia original. Então, os voluntários são conectados ao EMT, o que, como dissemos, anula as partes do cérebro responsáveis por analisar, avaliar e julgar, e lhes é solicitado que tornem a desenhar o rosto — e os desenhos se mostram muito melhores. Em vários casos, são idênticos à fotografia original.

Após repetir essa experiência durante décadas, Snyder concluiu que, quando reduzimos nossa capacidade de analisar, avaliar e julgar, aumentamos de forma significativa nossa capacidade criativa. Estranho, não é? Mas acredite ou não, tratando-se de criatividade, quando pensamos sobre aquilo que fazemos, limitamos a manifestação de nossas habilidades e reduzimos nossos níveis de criatividade. Em outras palavras, quando nossa mente não pode nos julgar ou sussurrar ao nosso ouvido que não somos capazes, nossa habilidade criativa aumenta de modo considerável.

Olhando desse ponto, é fácil entender por que as crianças são mais criativas que os adultos. E existem duas razões para isso. A primeira está no fato de as crianças ainda não terem moldes mentais muito definidos. É como se sua capacidade de analisar, avaliar e julgar as próprias habilidades estivesse anulada. Elas ainda não possuem essa voz lhes dizendo se são capazes ou não. Elas agem como os pacientes de Snyder quando conectados ao EMT. A segunda diz respeito à imaginação. Crianças não estão preocupadas em parecerem concretas. E isso lhes possibilita usar a imaginação, o que as torna mais criativas.

A criatividade sempre é um produto da imaginação. A diferença entre elas é que a imaginação sempre será abstrata, enquanto a criatividade será concreta. Ser criativo é transformar nossa imaginação em um objeto concreto. Por isso, a imaginação sempre vem antes, e sem ela, a criatividade não existe.

Quando nos tornamos indivíduos concretos, fechamo-nos para o abstrato, e não damos espaço para a imaginação. Com isso, anulamos o espírito infantil que existe em nós. E quando isso ocorre, perdemos a magia e o encanto pela vida. Criamos um mundo frio e mecanicista que faz de nós pessoas irritadiças, impacientes e intolerantes. Nossa vida se torna insossa. Deixamos de desfrutar momentos deliciosos para não parecer infantis.

E que conclusão podemos tirar de tudo o que vimos até aqui? Aquilo que acontece com a inteligência se repete com a criatividade. É mais aconselhável ter um nível criativo médio, mas uma mentalidade que liberte nossa imaginação e estimule a intuição criativa, do que um nível de criatividade alto, mas uma mentalidade que nos impede de usar essa criatividade. Por quê?

5.

Suponha que lhe oferecêssemos uma pequena fortuna para desenvolver uma ideia original com certo potencial de lucro. Onde você procuraria por essa ideia? Acredite ou não, a maioria de nós se fecharia em si e tentaria tirá-la da própria cabeça. Em outras palavras, procuraríamos desenvolver um conceito de dentro para fora. Mas será que é assim que as grandes ideias surgem?

Para responder a essa pergunta, vamos analisar como surgiu um dos produtos mais lucrativos dos últimos anos: o iPod. Lançado em outubro de 2001 pela Apple, o iPod possibilitou que, pela primeira vez na história, qualquer pessoa carregasse um dispositivo com até mil músicas no bolso da camisa. Mais que isso, porém, ele tirou a Apple de uma situação complicada e abriu caminhos para que ela se tornasse, nas décadas seguintes, uma das empresas mais importantes do mundo.

De onde surgiu a ideia do iPod? No final dos anos 1990, com a expansão da internet, surgiu um intenso e ilegal serviço de compartilhamento e *download* de músicas. Napster, Kazaa e LimeWire permitiam a qualquer um baixar, sem custos, praticamente qualquer música. E apesar de ser uma ação ilegal, era muito difícil contê-la.

Isso causou um impacto tremendo no mercado musical. Por quê? Na época, um CD com cerca de doze músicas custava em torno de R$ 30. Em cada CD apareciam duas ou três músicas que se tornavam sucesso. As demais, muitas vezes, não possuíam apelo comercial algum. Então, na verdade, ao adquirir o CD de um artista, considerando que de fato você apenas queria três das músicas que ele continha, você pagava cerca de R$ 10 por música. Com as vantagens trazidas pela internet, mesmo sendo ilegal, era possível baixar esses hits de graça.

Mas, para o consumidor, nem sempre isso era uma vantagem real. Havia dois vilões nesse processo. O primeiro era o fato de que a música baixada só podia ser ouvida no computador ou precisava ser gravada num CD. E carregar o computador de um lado para o outro era complicado. O segundo vilão era que, ao gravar as músicas em CD, além de haver uma perda de qualidade, havia a ameaça real de o CD danificar o aparelho em que ele fosse utilizado.

Mas o problema maior era dos artistas e das gravadoras. Em 2003, por exemplo, cerca de dois bilhões de arquivos com músicas eram compartilhados ilegalmente no mundo inteiro. Esse era um sério problema que, por outro lado, revelava uma enorme oportunidade. Imagine o vasto mercado aberto para qualquer um com a imaginação necessária para encontrar uma forma de organizar esse mercado. Havia dois nichos extraordinários: o primeiro era encontrar uma ideia que fosse mais prática que o CD para armazenar as músicas; e o segundo, encontrar um sistema que organizasse o mercado digital de músicas.

Foi aí que entrou a criatividade da equipe da Apple, liderada por Steve Jobs. Em 2001, a Apple lançou o iPod, que solucionou o primeiro problema. Com o iPod, as músicas podiam ser baixadas num aparelho portátil que cabia no bolso, e que eliminava o CD. E dois anos depois, a Apple apresentou o que seria a solução para o segundo problema. Jobs firmou uma parceria com as cinco maiores gravadoras internacionais e lançou o iTunes, uma loja virtual que vendia músicas no varejo por US$ 0,99 cada.

Além do aparelho portátil que comportava as músicas, as pessoas agora tinham um site onde poderiam comprá-las e baixá-las legalmente na sua qualidade original, pagando apenas pelas músicas que de fato desejavam.

No primeiro ano, o iTunes vendeu mais de 70 milhões de músicas, com uma média de 2,5 milhões de downloads por semana. Em 2011, a ideia já representava 70% das músicas baixadas legalmente pela internet. Enquanto isso, empresas que estavam havia anos no mercado musical, como a Virgin, e que não acompanharam o processo de mudança foram obrigadas a sair do mercado.

Jobs e sua equipe não tiraram a ideia do iPod e do iTunes da cabeça como um mágico tira o coelho da cartola. Pelo contrário, eles tiveram que perceber a ideia no contexto externo e usar a cabeça para ligar os pontos que não estavam conectados.

Assim sendo, a história do iPod e do iTunes é um exemplo clássico que nos mostra que as ideias criativas raramente são um processo que acontece de dentro para fora — elas são, isto sim, um processo que ocorre de fora para dentro.

Ou não? O que descobriríamos, por exemplo, se pudésse-mos acessar a mente de Paulo Coelho e ver de onde ele tirou a ideia do livro *O Alquimista*?

6.

O escritor argentino Jorge Luís Borges escreveu alguns dos con-tos mais admirados da literatura universal, mas negava-se a escrever romances. Ele dizia que não via motivos para escrever em duzentas ou trezentas páginas o que poderia ser dito em vinte ou trinta. Sua influência cultural no mundo tornou-se vasta. Ainda hoje, mais de três décadas após sua morte, seu nome é reverenciado. Para se ter uma ideia, Umberto Eco, em seu clássico *O nome da rosa*, nomeou um dos personagens, Jorge de Burgos, que era cego, assim como Borges o foi nos últimos anos de sua vida, em homenagem ao autor.

Em 1935, Borges lançou um livro chamado *História univer-sal da infâmia*. Nele, encontramos um conto chamado "Os dois que sonharam". Trata-se da história de um homem rico e pode-roso do Cairo que, na metade da vida, perde sua fortuna, e com ela, seu prestígio. Diante do infortúnio, insatisfeito e infeliz, ele passa a trabalhar desesperado para recuperar sua riqueza. Tudo o que lhe sobrara era uma velha casa que pertencera a seu pai. No quintal dessa casa, ao lado de uma fonte debaixo de uma enorme figueira, havia um relógio de sol. Certa noite, enquanto descansava sob a figueira, ao lado do relógio, o homem adorme-ceu e teve um sonho, no qual um estranho lhe revelava um segredo: "A sua fortuna está na mesquita de Isfarrã, na Pérsia. Levante-se e vá buscá-la".

No dia seguinte, intrigado com o sonho, o homem juntou suas parcas economias e partiu para a Pérsia. Durante a longa viagem entre Cairo e Isfarrã, ele enfrentou inúmeros perigos: desertos, piratas, magos, rios, feras e homens. Contudo, depois de muitos meses de peregrinação e de enormes sacrifícios, ele chegou, enfim, ao templo de Isfarrã.

Quando alcançou a mesquita, já no final da tarde, sentou-se para descansar. Outra vez, caiu em sono profundo. Assim que escureceu, um grupo de salteadores se aproximou e, vendo-o dormindo, tirou-lhe todos os pertences. O guarda da mesquita percebeu o barulho dos larápios, vasculhou a área e encontrou o pobre homem dormindo. Ele acabou preso sob acusação de tentativa de roubo. Na prisão, foi açoitado até quase a morte.

Dias depois, ele recebeu a visita do capitão de polícia, que lhe perguntou: "O que você estava fazendo na mesquita na noite em que o guarda o prendeu?". O homem, então, contou-lhe a história do sonho que tivera. O capitão, para espanto do pobre homem, caiu na gargalhada. Depois, recompondo-se e assumindo uma postura séria, disse: "Como você pode ser tão ingênuo e crédulo?! Eu também sonhei três vezes com uma velha casa na cidade do Cairo. No quintal dessa casa, havia uma enorme figueira e uma fonte. Ao lado da fonte, um relógio de sol, e, debaixo dele, um tesouro. E o que eu fiz? Não dei o menor crédito a essa bobagem. Você, no entanto, peregrinou durante meses por causa de um sonho?".

Apiedando-se do peregrino, o capitão lhe deu algumas moedas e ordenou que ele retornasse sem demora a sua terra, pois não queria vê-lo mais causando confusão em sua cidade. O homem, tendo percebido que o local com o qual o capitão sonhara era a casa que ele herdara do pai, retornou imediatamente ao Cairo. Assim que chegou em casa, foi até a fonte debaixo da figueira, removeu o relógio de sol e desenterrou o tesouro. Com isso, recuperou sua riqueza e seu prestígio.

7.

Pense sobre como você vê a criatividade. A maioria de nós é levada a crer em quatro questões bem específicas. A primeira é que ela precisa dar origem a uma ideia totalmente nova, algo que apareça do nada. A segunda — e isso desde cedo —, que somos criativos ou não. Temos a ideia implícita de que criatividade é um aspecto genético e fixo da nossa personalidade. E essa crença nos leva à terceira: o pressuposto de que a inteligência é algo que ocorre de dentro para fora. Que por ser algo original, ela precisa partir da nossa mente. E por fim, a quarta ideia é que a maioria das pessoas não é muito criativa.

No entanto, o que nos diz o conto que deu origem a um dos livros mais vendidos de todos os tempos? Exatamente o contrário. Se compararmos a história de Borges e a de Paulo Coelho, veremos que o último apenas mudou certos aspectos da narrativa do primeiro. Mas a ideia central continua a mesma: alguém que, em algum lugar específico da sua terra natal, tem um sonho sobre um tesouro distante, larga tudo e vai atrás desse tesouro. Quando chega ao lugar sonhado, descobre que o tesouro, na verdade, está no lugar exato onde teve o primeiro sonho. É uma história da busca pela nossa lenda pessoal.

Vendo por esse prisma, poderíamos ser facilmente persuadidos a acreditar que Paulo Coelho não foi muito original ao transformar um conto de Borges em um livro. Alguém mais afoito até poderia dizer que isso é plágio. Mas e se investigarmos o conto de Borges? Será que ele foi original? De onde o escritor argentino tirou inspiração para escrevê-lo?

Na verdade, Borges tirou a ideia de outro livro: *As mil e uma noites*, uma compilação de histórias que teve sua origem em países do Oriente no século IX. E de onde o autor de *As mil e uma noites* tirou a história usada por Borges e por Paulo Coelho? Como *As mil e uma noites* é uma coletânea de contos populares, tradicionais na cultura árabe, e que fazem parte do folclore indiano, árabe e persa, seu autor também não criou nenhum deles; ele apenas os coletou e os reuniu num livro.

E então, o que isso nos diz sobre a criatividade? Por inúmeros motivos, somos levados a crer que os mais criativos entre nós são pessoas com dons especiais. Quase sempre as vemos como seres que possuem a magia de fazer aparecer, do nada, coisas incríveis. Mas se estudarmos as grandes invenções, veremos que não é assim. Na verdade, o que a análise dessas ideias nos revela é que a criatividade sempre é um avanço sobre algo que já existe. Ela sempre tem um ponto de partida, e esse ponto de partida é uma ideia de outro alguém.

Acredite ou não, isso é simples de compreender. Basta refletir sobre o ato de pensar. Quando pensamos, sempre partimos de um ponto *A* para chegarmos ao ponto *B*. Tente pensar sobre um filme de ficção científica. *Avatar*, por exemplo. Produzido em 2009, a história de *Avatar*, hipoteticamente, se sucede no ano de 2154. Seu cenário é um lugar distante, a imaginária Pandora, uma das luas de Polifemo, que por sua vez seria um dos três planetas gasosos fictícios que, no filme, compõem a órbita do sistema Alpha Centauri.

Se você assistiu ao filme e ainda se lembra de detalhes, faça uma rápida análise de seus personagens e pense sobre as seguintes questões: qual é a fisionomia dos habitantes de Pandora? Como o filme retrata as florestas e os animais que habitam esse local tão remoto? Não há nada que não tenha uma similaridade com tudo o que conhecemos aqui no planeta Terra. Mas quem nos garante que as coisas fora da realidade terrestre não sejam de natureza absolutamente distinta de tudo que conhecemos? Se essa possibilidade existe, por que, então, não simulamos uma realidade desconhecida, original, e a retratamos em filmes dessa natureza?

A resposta é simples: porque não somos capazes. Repare que não conseguimos pensar nada sem levarmos em conta um ponto de referência que já existe em nós. Não conseguimos imaginar nada sem ter como parâmetro uma imagem que captamos através da percepção do mundo físico com o qual temos contato.

Em outras palavras, pensar é, sobretudo, um ato de comparação. E como toda criação nasce de um pensamento, nada do que possamos criar é completamente original. Sempre estaremos, de alguma forma, construindo algo sobre a estrutura deixada por alguém. Toda criação, por mais inovadora que seja, tem um ponto de partida que, quase sempre, é uma experiência inovadora anterior, deixada por outra pessoa. Entender isso é uma das vantagens ocultas de pessoas bastante criativas. Elas sabem que existe um ponto de partida em tudo, e procuram esse ponto de partida e passam a criar com base nele.

Podemos dizer, então, que a ideia que nos é passada na escola — que para ser criativo é preciso ser original —, a princípio, pode ser considerada um erro. Mas será que a história por trás do livro *O Alquimista* não é um caso isolado? Será que esse processo se repete também em outros campos, como ciência, tecnologia e produtos físicos?

Voltemos à história que deu origem à boneca Barbie. De onde surgiu esse conceito? De uma boneca erótica. Assim como Paulo Coelho, Ruth Handler apenas transformou a ideia em algo diferente. E de onde surgiu a ideia da meia-calça sem ponta nos pés de Sara Blakely? Da meia-calça tradicional.

E como Soichiro Honda chegou a conceber a motocicleta? Vimos que essa ideia surgiu quando ele deparou com o enorme caos que era o trânsito de Tóquio no pós-guerra, e a dificuldade que as pessoas encontravam para se locomover. Foi ali que ocorreu a Soichiro adaptar um motor à bicicleta. A bicicleta, o motor e a necessidade de locomoção já existiam. Soichiro Honda, através da imaginação, simplesmente conectou os itens, e depois, através da criatividade e da inteligência, tornou o produto da sua imaginação possível.

Até mesmo Shakespeare, considerado o escritor mais criativo de todos, emprestou muito do que escreveu de outros autores. Dos 6.043 versos cuja autoria é atribuída a Shakespeare, supõe-se que apenas 1.899 tenham sido originalmente criados por ele. Os demais foram inspirados em outros autores, como Robert Greene, George Peele e Christopher Marlowe.

O que queremos dizer com esses exemplos? É claro que não estamos afirmando que criatividade é copiar outras pessoas. Pensar isso seria um equívoco absurdo. Porém, esses exemplos nos ajudam a entender uma questão fundamental sobre a criatividade: todos nós temos uma enorme capacidade criativa. O problema está no modo como somos ensinados a ver e a pensar sobre a criatividade.

O que é a criatividade, então? Na verdade, ela é um processo de associação de ideias que, dentro de um novo contexto, toma uma nova forma e serve para um novo fim. Foi isso o que Paulo Coelho fez com o conto de Borges, que fez o mesmo com a história tirada de *As mil e uma noites,* cujo autor fez o mesmo ao compilar os contos do povo oriental.

8.

Por que, por exemplo, ninguém teve a mesma ideia de Jobs? Não foi por falta de inteligência ou de criatividade. O que faltou, na verdade, foi imaginação. A própria inteligência, assim como a criatividade, depende, em grande parte, da imaginação. Somente depois de fazer uso da imaginação para descobrir uma alternativa para determinado problema é que fatores como inteligência e criatividade entram em ação. Primeiro, foi a imaginação de Paulo Coelho que lhe deu a ideia de transformar o conto de Borges num livro. Depois, a criatividade e a inteligência lhe mostraram como fazê-lo. Percebe a diferença?

O mesmo vale para a invenção do iPod e do iTunes. Veja que não há nada de extraordinário por trás da criação da ideia desses produtos. Todos eles são uma extensão imaginária de outros que já existem, e que foram criados em função de problemas que também já existiam.

Então, qual é a diferença entre imaginação, criatividade e inteligência? A imaginação é a arte sutil de ver coisas que ainda não existem, mas que, se existissem, facilitariam nossas vidas ou solucionariam alguma deficiência. E essa arte é o capital mais valioso que podemos desenvolver em nós. Por sua vez, a criatividade é encontrar um meio, um plano ou uma fórmula de tornar a imaginação um objeto da realidade. A inteligência é o processo usado para executar esse plano desenvolvido pela criatividade.

É claro, entretanto, que essas competências não são tão separadas assim. Há inteligência e criatividade na imaginação, da mesma forma que há imaginação e inteligência na criatividade, e imaginação e criatividade na inteligência. Mas a intensidade com que cada um desses fenômenos se manifesta segue o processo estabelecido acima. Pessoas que deixam sua marca no mundo entendem essa diferença e a usam a seu favor.

CAPÍTULO 11

AS VANTAGENS DO AZAR (E AS DESVANTAGENS DA SORTE)

"Aquele que observar as particularidades do momento, e souber agir de acordo, será beneficiado por elas. Aqueles que não as observar encontrará enormes problemas e será visto como desprovido de sorte."

NICOLAU MAQUIAVEL
FILÓSOFO E ESTRATEGISTA

1.

O que aconteceu com o americano Scooter Braun é o tipo de coisa que a maioria de nós consideraria azar. Em 2004, ele decidiu investir suas economias numa *startup*. Ao fazer uma pesquisa na internet, Braun deu de cara com uma empresa chamada Facebook. As informações disponíveis eram poucas. A empresa havia sido criada em fevereiro daquele ano e ainda era completamente desconhecida. Braun então acessou a *homepage* da empresa, e lá encontrou o endereço do e-mail do fundador: Mark Zuckerberg. Após pensar um pouco, Braun decidiu enviar-lhe uma mensagem, dizendo que tinha interesse em investir na empresa. Mark respondeu de imediato. Estava aberto para discutir o assunto.

Uma *startup*, nome pelo qual são conhecidas as empresas recém-criadas ou ainda em estágio embrionário, em geral representa investimento de alto risco. Por outro lado, apresenta grandes possibilidades de ganhos. É uma aposta. Você investe uma quantia e começa a torcer para que a empresa cresça, porque se ela quebrar, você perde o que investiu.

Scooter, na época com vinte e três anos, trabalhava como promotor de eventos em Atlanta, na Geórgia. Ocupado demais com sua agenda e com certa insegurança sobre a ideia dessa nova rede social, ele demorou a retornar o e-mail. Quando o fez, dias depois, Mark respondeu que não estava mais interessado no capital, pois encontrara outros investidores.

Em 2012, Scooter disse à revista *Forbes* que, naquele momento, não fazia a menor ideia do crescimento que o Facebook viria a ter. Ele apenas queria investir numa *startup*, e, por coincidência, deu de cara com o Facebook. Mas por que Scooter Braun pode ser considerado um cara de azar? Se ele tivesse consolidado o investimento no Facebook, independentemente do valor, seu retorno teria sido, no mínimo, multimilionário.

Para se ter uma ideia, vejamos o caso do brasileiro Eduardo Saverin, ex-colega de faculdade e, na época, amigo de Mark Zuckerberg. Quando estava finalizando a plataforma do Facebook e precisava de um provedor para hospedar o site, Mark ofereceu-lhe 30% da empresa para que bancasse o custo com o provedor. Saverin perguntou a Mark de quanto ele precisava. A resposta? Em torno de mil dólares. Esse, num primeiro momento, foi o montante que Saverin pagou para ser dono de 30% do Facebook. Mais tarde, como a história ficou conhecida, esse valor foi reduzido a quase nada. Saverin processou Mark, e a justiça lhe devolveu, por direito, cerca de 3% da empresa. Em 2012, esses 3% valiam em torno de US$ 2,9 bilhões.

Suponha que você seja um investidor e que esteja procurando uma empresa para investir seu capital. Por coincidência, encontra uma empresa como o Facebook ainda em gestação. Você tem a oportunidade de participar com seu capital desde o começo, mas, por detalhes, essa oportunidade lhe escapa das mãos. Anos depois, olhando em retrospectiva, como você chamaria esse tipo de sensação? Quando nos vemos nessa situação, a sensação que temos é de que isso só pode ter sido o fruto de um tremendo azar. Aposto que muitos compartilham da mesma impressão. Mas se analisarmos a questão mais a fundo, qual foi o papel que o azar teve na relação de Scooter com o Facebook?

2.

Joseph F. Cullman III, o poderoso chefão do mundo dos cigarros, responsável por transformar a Philip Morris numa das maiores companhias do mundo, era alegre e brincalhão. Ele gostava de cumprimentar as pessoas abanando seu chapéu, como se fosse um dos caubóis que aparecem nas propagandas da Marlboro. Em 1998, Cullman lançou sua autobiografia: *I'm a Lucky Guy* [Sou um cara de sorte].

"Eu fui um cara de muita sorte desde o início da minha vida: pais maravilhosos, bons genes, sorte no amor, sorte nos negócios, e sorte por um colega da Universidade Yale ter se atrasado em enviar meus documentos para Washington, D.C., evitando assim que eu estivesse num navio que afundou devido a um ataque inimigo e onde todos morreram; sorte por estar na Marinha, e sorte por estar vivo aos oitenta e cinco."

Cullman viveu até os noventa e dois anos. Morreu de morte natural, em 2004, num hospital de Manhattan. Como CEO da Phillips Morris, ele transformou o Marlboro na marca de cigarros mais conhecida do mundo, e a Philips Morris, em uma das corporações mais poderosas e ricas do planeta. Tudo, segundo ele, por ser um "cara de sorte". Mas Cullman não foi o único.

Há séculos a sorte vem ocupando um lugar de destaque na cabeça de grandes empresários e pensadores.

Michael Lewis, escritor e jornalista financeiro mundialmente conhecido, escreveu *best-sellers* como *Bumerangue — uma viagem pela economia do Novo Mundo*, *Treinador: lições sobre o jogo da vida* e *The Big Short*. Um de seus livros, *Moneyball — o homem que mudou o jogo*, foi adaptado para o cinema, com Brad Pitt no papel principal. Em breve, outras duas obras suas devem aparecer nas telas. Lewis formou-se em história da arte na prestigiada Universidade de Princeton, a mesma em que Einstein deu aula.

Em 2012, ele foi o convidado de honra no evento de formatura da universidade. Em seu discurso, surpreendeu a todos ao dizer que seu sucesso só pode ser explicado como um lance de sorte: "Ninguém gosta de ouvir alguém explicar o sucesso como uma consequência da sorte, especialmente as pessoas bem-sucedidas. À medida que essas pessoas envelhecem e seu sucesso se consolida, elas passam a perceber que, de certa forma, o desempenho que alcançaram na vida foi inevitável. Contudo, elas se recusam a reconhecer o papel que o acaso teve em tudo isso".

Você percebe o quanto essa afirmação se assemelha à de Daniel Kahneman, que vimos no capítulo 3? Até mesmo o aventureiro italiano Giacomo Casanova, talvez um dos intelectuais e sedutores mais cultuados da história, afirma em sua biografia que foi um inegável beneficiado da sorte. Em *História da minha vida*, uma série de vinte e oito volumes em que Casanova narra suas aventuras pela Europa nas últimas décadas do século XVIII, além de ensinar como se tornar um exímio sedutor, ele relata que toda vez que se encontrava num beco sem saída (algo bastante rotineiro), sua estrela da sorte aparecia e misteriosamente o resgatava de lá.

Se ponderarmos bem, não deve surpreender o fato de essa ser uma ideia presente em quase todos nós. Pense, por exemplo, sobre o que você sentiu da última vez em que viu alguém do seu círculo subir ao topo. A maioria de nós, quase de forma instintiva, acha que essas pessoas chegaram lá porque, de uma ou de outra maneira, tiveram mais sorte do que nós. Sem grandes objeções, alimentamos em nosso íntimo a ideia de que aqueles que obtêm resultados excepcionais tiveram vantagens que não tivemos.

Mas será que é assim mesmo? Será que aqueles que alcançam desempenhos notáveis na vida são simplesmente beneficiados com doses de sorte maiores do que o resto de nós?

3.

Digamos que um amigo seu, que tem uma família estável e um emprego do qual gosta, ganhe um prêmio milionário na loteria. Nos anos seguintes, ele larga o emprego e começa a investir seu capital em ações. Com o passar dos anos, perde a fortuna e, desesperado, se entrega ao alcoolismo. O que isso nos revela? Que um indivíduo pode ter sorte e obter péssimos resultados como consequência da sorte. O inverso também é possível. Alguém pode ter um tremendo azar, mas, justamente em função disso, obter excelentes resultados como consequência desse azar.

Então, como podemos saber se um evento pode ser considerado sorte ou azar? Estudos revelam que ele precisa ter três características específicas:

1. Ocorrer absolutamente sem a influência das ações da pessoa afetada.
2. Seu resultado tem de ser imprevisível.
3. Ter uma consequência que altera as circunstâncias em que a pessoa afetada se encontrava antes de ser afetada pelo evento.

Então, o que é sorte? Primeiro, o evento precisa levar seu beneficiado a obter resultados positivos. Segundo, deve acontecer de forma imprevisível, inesperada. E por último, ele deve acontecer sem a interferência direta ou indireta de seu beneficiado. Em outras palavras, para ser considerado um lance de sorte, um evento tem de ocorrer sem que tenhamos capacidade de prevê-lo, criá-lo ou preveni-lo.

Se um evento é previsível, ele necessariamente é o resultado de um evento anterior, cuja série de consequências provocou sua previsibilidade. Sendo assim, ele não é um evento causado pela sorte, mas por um evento anterior. Por outro lado, se pudermos criá-lo ou preveni-lo, ele é na realidade o resultado de nossas escolhas: a escolha de criá-lo ou não, de preveni-lo ou não. Em ambos os casos, ele não é um evento causado pela sorte, mas por nossas decisões e escolhas.

Sendo assim, para um evento ser considerado o resultado da sorte, ou mesmo do azar, ele tem de estar fora do nosso controle e da nossa influência. Vamos testar esses três fatores no exemplo de Scooter Braun, que no início do capítulo consideramos um cara de azar.

4.

Em fevereiro de 2008, quando o Facebook já era uma sensação mundial, Braun continuava promovendo eventos na região de Atlanta. Desde 2006, porém, dividia seu tempo com outro trabalho: ele atuava como produtor musical numa pequena companhia, chamada R&B.

Numa noite fria daquele fevereiro, em um de seus eventos, o cantor de hip-hop Akon mostrou seu celular para Braun e pediu que ele assistisse a um vídeo que encontrara no YouTube. Braun o assistiu. No vídeo, um menino com calça social escura, camisa branca e uma gravata amarela com detalhes em xadrez cantava um hit chamado *So Sick*, do cantor norte-americano Ne-Yo.

Tratava-se de um vídeo amador. Mas Braun não conseguia parar de assisti-lo. Ele o viu uma, duas, três, quatro vezes, e seu fascínio só aumentava. Relacionado a esse vídeo, Braun encontrou outros do mesmo menino. Todos, como o primeiro, amadores, mas muito interessantes.

No dia seguinte, Braun começou a rastrear os vídeos para ver quem os postara, e descobriu que o vídeo mostrado por Akon era de um festival numa pequena cidade próxima a Ontário, no Canadá. Era lá que o garoto morava.

Dois dias depois, Braun descobriu o número de telefone da mãe do menino, ligou para ela e pediu-lhe que trouxesse o filho para fazer um teste em Atlanta. Primeiro, a mulher resistiu. Mas Braun, insistente, garantiu que pagaria todas as despesas dos dois. A mãe do menino pediu um dia para pensar.

Semanas depois, mãe e filho estavam em Atlanta. Ao constatar o talento do menino, Braun decidiu não deixar a oportunidade escapar, e, antes de eles embarcarem de volta para o Canadá, assinou um contrato com termos que o tornavam o representante legal da carreira do garoto. "O episódio do

Facebook me ensinou a ter confiança e a ser agressivo quando me sentia seguro sobre algo", ele conta.

E foi assim que Scooter Braun tornou-se o empresário do então ainda desconhecido Justin Bieber.

Braun aprendera a lição com o Facebook. E não cometeria o mesmo erro duas vezes.

Entre 2011 e 2012, Bieber faturou US$ 108 milhões, tornando Scooter Braun um dos empresários mais promissores do meio musical americano. Nos anos seguintes, Justin Bieber se tornou um dos maiores astros da música pop, com fãs ardorosos pelo mundo inteiro.

5.

O que podemos aprender sobre sorte e azar com a história de Scooter Braun? No início do capítulo, vimos que Braun poderia ser considerado um cara de azar. Mas, a essa altura, é fácil compreender que perder o negócio com o Facebook não foi azar. Trata-se de consequência de suas escolhas e prioridades. O mesmo aconteceu no momento em que ele conheceu Justin Bieber. Ter sido decidido, audacioso e incisivo com o jovem cantor também foi uma escolha. E como havia escolha, o resultado não é um acaso, mas uma consequência.

Pensar dessa forma traz enormes implicações para nossa vida. Primeiro, nos faz questionar os fatos e perceber nossa responsabilidade diante dos nossos resultados. Segundo, deixa-nos mais cautelosos com as armadilhas e mais antenados com as oportunidades. Por último, ao ajudar a ver obstáculos ou possibilidades que não veríamos de outra forma, faz com que criemos conexões que, sem isso, dificilmente faríamos.

E aqui chegamos a um ponto crucial da nossa investigação. E ele diz duas coisas. A primeira é que quando se trata de acaso, o que difere os vencedores dos demais não é a sorte ou o azar que eles têm na vida, mas a maneira como eles veem esses eventos. E essa atitude depende da mentalidade cultivada. A segunda nos diz que aquilo que muitas vezes chamamos de azar pode nos fortalecer, criando um verdadeiro senso de urgência em nossa vida, revertendo uma situação desfavorável em outra, favorável. Quando isso acontece, o que era azar torna-se sorte. Por outro lado, um lance de sorte pode nos tornar complacentes, acomodados e preguiçosos. E nesse caso, a sorte torna-se azar.

Em outras palavras, podemos afirmar que todos nós, em algum momento, seremos alvo tanto do azar quanto da sorte. O que nos diferencia uns dos outros é o tipo de mentalidade. Alguns usam a má sorte para se tornar mais fortes. Para outros, o benefício trazido pela sorte se mostra um infortúnio; e a razão disso é não saberem aproveitar a boa sorte que tiveram.

O que queremos dizer com isso? Que não existem situações favoráveis ou desfavoráveis que podem ser chamadas de sorte ou azar? É claro que não. O que estamos afirmando é que nossos resultados raramente são determinados por esses eventos em si, mas pelo modo como reagimos a eles.

Eventos que consideramos sorte ou azar fazem parte do nosso destino — coisas que acontecem sem que possamos prevê-las, criá-las ou preveni-las. E como vimos no capítulo 3, o destino é apenas um lado da moeda, o ponto de partida sobre o qual exercemos nossa liberdade de escolha.

A ideia de que somos um resultado da sorte ou do azar nos limita completamente. Ela tira de nós grande parte do poder e da responsabilidade sobre nosso desempenho. Ou seja, ela anula nosso poder de escolha. Quando renunciamos a esse poder, em geral rebaixamos nossas expectativas à impotência.

Se o sucesso na carreira, nas amizades ou na família não depende de nós, nosso esforço, planejamento e preparo também não importam muito. Afinal, se não tivermos sorte, todos esses fatores podem ser inúteis. Por outro lado, se tivermos sorte, não precisaremos de esforço ou preparo. Porque, nesse caso, de uma ou de outra maneira, como escreveu Casanova, a estrela da sorte aparecerá para nos resgatar.

Pare e pense um pouco sobre a reação que esse tipo de mentalidade tem sobre alguém que sente o fardo e o dever de inúmeras tentativas frustradas na vida. Imagine sobre o tipo de pessoa que tal mentalidade produz.

Afinal, se o outro conseguiu e você não, isso teria uma justificativa: ele teve mais sorte que você. Esse sentimento cria o que, no capítulo 7, chamamos de estado de complacência. Quer dizer: queremos mais, desejamos mais, mas nos sentimos incapazes de realizá-los, e nos acomodamos na nossa frustração.

6.

A esta altura, então, acreditamos que seja seguro concluir que os resultados que obtemos têm muito pouco a ver com a sorte ou o azar. E para quem tem um pouco de sensibilidade histórica, essa conclusão não é nenhuma novidade. Em 1513, por exemplo, o filósofo e estrategista italiano Nicolau Maquiavel escreveu o seguinte: "Um dos motivos que nos levam a atribuir tanto poder à sorte é o fato de que, quando analisamos a história dos grandes homens, em muitos casos, é possível ver o sucesso de uma pessoa hoje e sua ruína amanhã. Tudo sem ter havido mudanças em seu caráter, em suas atitudes e, tampouco, em suas habilidades. Julgo que a razão disso é que quando o sucesso depende tão somente das circunstâncias, e não do indivíduo, ele se perde sempre que as circunstâncias mudam. Quando a circunstância é sua parceira, seus resultados serão a glória, mas quando ela o abandona, o que sempre acaba por acontecer, seu destino inevitável será a ruína".

Assim, o xis da questão, portanto, não é se você é uma pessoa de sorte ou não, mas se você sabe tirar proveito dos momentos de sorte ou de azar e se beneficiar de ambos. Nossa vida tem inúmeros eventos inesperados sobre os quais não temos controle. Como vimos no capítulo 3, chamamos esses eventos de destino ou de acaso. Eles são a parte fixa, imutável e imprevista da nossa vida. Esses eventos, de certa forma, tornam nosso futuro cheio de incertezas e imprevistos. Essa é uma constante irrefutável na existência de cada ser humano. Mas isso nos torna o resultado exclusivo do destino ou do acaso? De forma alguma.

Maquiavel escreveu, já naquela época: "Percebi que muitos têm pensado, e ainda pensam, que o mundo é governado por Deus e pela sorte de tal maneira que as pessoas, apesar de toda sua inteligência, praticamente não têm influência sobre os rumos que a vida toma. Por esse motivo, elas acreditam que não é necessário nem mesmo incomodar-se muito com as coisas desse mundo, apenas deixar-se governar por elas. Às vezes, quando penso nisso, me sinto inclinado a também aceitar esse tipo de opinião. Porém, quando analiso melhor a questão, e para não negar nosso livre-arbítrio, creio que se pode admitir ser verdade que Deus e a sorte determinam a metade de nossas ações, mas que ainda assim eles nos deixam governar a outra metade".

Maquiavel afirma que o acaso pode ser comparado a um desses rios impetuosos que em tempos de cheia irrompem das margens destruindo tudo. Mas que isso não significa que em tempos de calmaria não seja possível criar diques e barragens para conduzir a água das cheias de tal modo que ela seja proveitosa, em vez de danosa.

E como isso pode ser feito? Trata-se de desenvolver uma mentalidade com duas qualidades bem específicas. A primeira é criar ações que nos permitam tirar o máximo proveito dos momentos de sorte, quando eles aparecem. A segunda deve instruir nossas ações de tal modo que sejamos capazes de suportar os momentos de azar, sem sermos destruídos por eles, até que a sorte retorne. Se tivermos a força e a disciplina para persistir nos momentos de azar, eventualmente, em algum momento, seremos atingidos pela sorte. E se estivermos prontos para tirar proveito dela, nossos resultados serão enormes.

Poucos entendem esse tipo de relação com o acaso, mas ela é uma imensa vantagem oculta que pode ser encontrada em todos aqueles que deixam sua marca no mundo. Isso, porém, não é o mesmo que esperar e torcer para ser tocado pela sorte, ou fazer algum tipo de negócio ou aposta contando com ela. Se você cometer esse erro, como vimos, terá sempre um bode expiatório para justificar seus resultados, sejam eles positivos ou negativos.

Existem pessoas que ao considerar os "ventos a seu favor", mesmo que não tenham consciência disso, desenvolvem a mentalidade de que são "beneficiárias da sorte". Essa mentalidade, de certa forma, lhes permite assumir o controle sobre a vida. Elas se tornam fortes, prodigiosas, predestinadas ao encanto e à vitória em tudo o que fazem. Mas há um perigo nisso. No momento das dificuldades, elas começam a desconfiar de que a sorte, antes a seu favor, tenha mudado de lado. Dessa forma, assim como antes se fortaleceram com a crença de que eram beneficiárias da sorte, agora se enfraquecerão, pensando que se tornaram vítimas do azar, e que, com isso, o fracasso será seu próximo estágio.

Maquiavel conclui: "Aquilo que conhecemos como sorte depende muito da habilidade de combinar nosso modo de agir com cada momento. Aquele que observar as particularidades do momento, e souber agir de acordo, será beneficiado por elas. Aquele que não as observar encontrará enormes problemas e será visto como desprovido da sorte". Aqueles que se consideram beneficiários da sorte tendem, de certa forma, a tirar proveito de oportunidades casuais. Por se considerarem pessoas de sorte, vivem um estado de expectativa positiva constante. Elas esperam pela sorte, vivem e agem na expectativa de encontrá-la, e a encontram prestando atenção a própria intuição e às coisas a sua volta. Elas agem com maior facilidade e segurança nas oportunidades adequadas.

É razoável concluir, então, que pessoas como Michael Lewis, Cullman e o próprio Casanova atribuem um papel fundamental à sorte porque desenvolveram essa mentalidade. Apesar de equivocadas sobre a maneira como definem sua reação teórica com a sorte, elas se beneficiam dela porque possuem a habilidade de reconhecer os momentos de sorte e extrair o máximo deles. Isso, porém, não significa que a sorte é responsável pelo desempenho que elas alcançam. Esse desempenho, como já vimos, é consequência do pensamento que cultivam.

CAPÍTULO 12

A SÍNDROME DE FREUD

"Controle seu destino, ou alguém o controlará."

JACK WELSH
EXECUTIVO, ESCRITOR E CONSULTOR

1.

Uma das obstinações de Jean-Paul Sartre — um dos últimos grandes filósofos que já existiram — era a condição humana, sobretudo em relação à liberdade e à responsabilidade diante da vida. Realmente temos livre-arbítrio? Até onde somos responsáveis pela nossa própria condição?

Em décadas de reflexões e estudos, Sartre chegou a uma conclusão que, num relance, pode parecer estranha, mas quando analisada a fundo, mostra-se uma descoberta extraordinária. Ele resumiu-a da seguinte forma: "O homem nada é, mas se torna um ser ao construir sua própria liberdade".

O que isso quer dizer? Sartre nos sugere que não há nada — barreiras psicológicas, econômicas, sociais ou históricas — que possa tirar nossa condição de ser livre e, por isso, nos eximir da responsabilidade de nossas atitudes. Ou seja, não somente somos livres como também temos a *responsabilidade* de construir nossa própria liberdade. Se, por exemplo, você dissesse a Sartre que sente que não possui a liberdade necessária para se tornar quem gostaria de ser, ele lhe diria que é sua responsabilidade construir essa liberdade. E que, ao fazer isso, sua vida passaria a adquirir um novo sentido: o sentido de responsabilidade sobre a liberdade de construir a si próprio.

Suponha que você tivesse vivido no auge da ditadura militar. Nesse caso, a liberdade poderia lhe parecer bastante restrita. Muitas coisas comuns numa sociedade democrática eram proibidas pelo regime militar. Facilmente você poderia se considerar uma vítima da ditadura. Mas para Sartre, mesmo nessas circunstâncias, você não apenas seria livre como teria a responsabilidade de engajar-se na construção de uma liberdade mais ampla.

Para Sartre, cada um de nós, ao nascer, recebe uma vida, assim como se recebe um pacote pelo correio. Para alguns, esse pacote é rico e promissor; para outros, não passa de um monte de velhos farrapos. Mas é necessário arranjar-se com o que recebemos. E é precisamente naquilo que se faz com o que recebemos que reside nossa liberdade. O próprio Sartre explicou esse conceito de forma clara e bela, numa sentença que se tornou famosa: "O essencial não é aquilo que se fez do homem, mas aquilo que ele fez do que fizeram dele".

Nosso valor, portanto, não depende do que os outros pensam a nosso respeito. Cada um de nós traz dentro de si um raio de luz que, para além das aparências, dá valor e significado à vida. E é nosso papel guiar nossa vida por esse raio de luz, independentemente de como o mundo externo se impõe sobre nós. Somos nada mais, nada menos que aquilo que fizemos de nós mesmos. Ou não?

2.

Em 2005, numa pequena cidade do interior do Rio Grande do Sul, um rapaz tomou uma decisão inusitada. Ele acreditava ser uma resolução necessária para realizar um sonho que tinha desde criança: ser artista plástico e trabalhar na Rede Globo. Seu nome era Betto Almeida, e ele tinha vinte e um anos. Seu pai era motorista de caminhão, e sua mãe, empregada doméstica.

Após guardar dinheiro por meses, Betto reuniu o suficiente para pagar a passagem de ônibus até o Rio de Janeiro, onde não conhecia ninguém. Tampouco, tinha um lugar para ficar. Assim que desembarcou na capital carioca, ele seguiu algumas orientações e foi parar em Bangu. Lá, procurou um pastor da congregação a que pertencia e explicou sua situação. O pastor lhe ofereceu um pequeno cômodo com quarto, banheiro e cozinha, onde Betto poderia ficar temporariamente. Em troca, ele faria alguns serviços de pintura de que a igreja necessitava.

Foi um começo difícil, mas a falta de dinheiro já lhe era conhecida. Porém, veio também a solidão, a saudade dos amigos, da família, das diversões.

No final do ano, Betto decidiu retornar a sua cidade, para passar as festas por lá. No Natal, encontrou-se com uma amiga de infância. Dois dias depois, estavam namorando. Era verão. Sol abrasador, férias e reencontros. E ele foi adiando seu retorno ao Rio. Não conseguia se separar da sua nova namorada, pois se sentia irremediavelmente conectado a ela. Em março, marcaram o casamento para maio. Logo depois, eles se mudariam para o Rio.

Em julho, Betto estava outra vez na rodoviária, agora, acompanhado da esposa. Ele a sentia insegura. Os dois não falavam sobre isso, mas era desnecessário. Betto não tinha dinheiro, nem emprego garantido. E era difícil compreendê-lo.

Aos olhos do mundo, Betto não passava de um pé-rapado, desses que perdem os dias contando histórias, vivendo em devaneios e fantasias, sem dinheiro, sem futuro. Quem nunca conheceu alguém assim? E os rumores deixavam isso muito claro. Primeiro, pessoas próximas à esposa a orientaram a não se casar com ele. Agora, diziam que ela passaria fome no Rio. Mesmo assim, ela abandonou tudo e escolheu ficar com ele.

"Quando o ônibus partiu, vi o olhar triste dela, que juntava forças para não desabar em lágrimas, e a responsabilidade pesou sobre mim", ele agora conta. Faz uma pausa, como para enganar as emoções e evitar as próprias lágrimas, e depois conclui: "Um ano atrás, eu estava sozinho; mas então, levava comigo alguém que havia trocado a família, os amigos, uma vida inteira por mim. Naquele momento, na minha mente, pesavam as ameaças, os conselhos e as advertências que todos tinham feito para ela. Eu sentia uma pontada de medo na alma. Um medo de frustrá-la. Nesses momentos é impossível se libertar da memória, dos comentários dos colegas no bairro, das conversas com os amigos na rua; quanta coisa desnecessária fora dita. E mesmo sem certeza alguma, voltei-me para ela, abracei-a e, percebendo o ônibus partir, suspirei e disse com tristeza: 'Eu prometo que você nunca irá passar fome. E antes de essas pessoas me verem outra vez, estarei trabalhando na Rede Globo'".

No Rio, eles foram morar naquele pequeno cômodo de um quarto, em Bangu. Outra vez, Betto começou do zero. Os dois viviam com o dinheiro que ele recebia pintando personagens da Disney nos muros das escolas de educação infantil da região. Mas Betto estava inquieto. Queria algo mais. Esperou.

Certo dia, depois de muito tempo, foi convidado para ilustrar um livro que estava sendo lançado por uma escola de Bangu. Em suas conversas com a diretora, Betto confessou seu desejo de trabalhar na Rede Globo, e ela lhe contou que o pai de um aluno da escola trabalhava na emissora. Betto pediu para ser apresentado ao homem, queria conversar com ele. No dia seguinte, Betto foi até a casa dele para pedir ajuda. Para sua frustração, soube que o homem era um mero prestador de serviço na emissora.

Mesmo assim, Betto produziu um portfólio com alguns de seus desenhos e pinturas, e fez com que ele chegasse à supervisora de artes da fábrica de cenários. Semanas depois, Betto foi contratado de modo temporário. Três meses mais tarde, integrava oficialmente a equipe de cenografia do Teatro Fênix. "Certo dia, eu finalizava um cenário para o Faustão, e o Zezé Di Camargo entrou no palco para ensaiar. Ele elogiou meu trabalho. Fiquei muito lisonjeado. Sempre o considerei um dos meus grandes ídolos. Fui até minha sala, peguei uma tela que havia pintado e o presenteei com ela. Ele então encomendou uma tela para decorar a casa dele. Tive o maior prazer de pintá-la", Betto nos contou.

Um dia visto como um pé-rapado qualquer, Betto aprendeu, lutou, venceu e se fez grande. E tudo isso, por mérito próprio. Ou será que não?

3.

Uma das referências mais usadas pelos cientistas sociais para comprovar como o contexto cultural em que crescemos influencia nossa vida é a obra do epidemiologista Robert Anda e Vincent Felitti, chefe do departamento de Medicina Preventiva de uma gigantesca empresa de planos de saúde dos Estados Unidos. No clássico estudo realizado na década de 1990, eles examinaram mais de 17 mil voluntários conveniados a um plano de saúde de San Diego, na Califórnia. Todos integravam um contexto social e econômico similar: tinham em torno de cinquenta e sete anos, pertenciam à classe média e média alta, e a grande maioria concluíra curso superior.

Na primeira fase do estudo, eles pediram aos voluntários para responder a um questionário. O objetivo era fazer um levantamento detalhado sobre o contexto em que viveram na infância. Os pesquisadores queriam verificar se os participantes haviam sofrido algum tipo de violação ou trauma antes dos catorze anos, e, para isso, os voluntários foram estimulados a relatar qualquer tipo de experiência negativa vivenciada.

Em posse dessas informações, Felitti e Anda elaboraram um banco de dados para cada participante. Para facilitar o processamento desses dados, as pessoas foram classificadas numa escala de 1 a 10 de acordo com o número de influências negativas relatadas por elas. Cada trauma sofrido contava um ponto na escala, que chamaram de escala ACE.*

Suponha que você tenha relatado que cresceu numa família na qual os pais eram divorciados, e considera essa influência como um evento negativo. Se essa fosse sua única experiência negativa, você teria um índice 1 na escala ACE. Se, entretanto, além dessa experiência, você também relatasse abusos físicos, o índice subiria para 2, e assim por diante.

Uma vez determinado o índice da escala ACE de cada paciente, os pesquisadores o compararam aos resultados do levantamento da ficha médica do plano de saúde do voluntário. A ideia era tentar constatar um padrão de relação entre os

---

* ACE se refere às iniciais de Adverse Childhood Experience [Experiências adversas da infância].

traumas sofridos na infância e o estado de saúde física e mental dos participantes ao longo da vida.

A descoberta foi desconcertante. Na realidade, em todos os casos, a relação entre o índice da escala ACE de determinado participante era diretamente proporcional ao quadro médico apresentado por ele ao longo da existência. Quanto maior o índice na escala dos traumas sofridos, mais difícil e complicada havia sido a vida do paciente. Uma pessoa que sofrera abusos graves na infância tinha, por exemplo, um número muito maior de resultados indesejados, como obesidade, depressão, insatisfação sexual e outros problemas, como divórcios desgastantes, endividamentos e vícios como cigarro, drogas e álcool. Por outro lado, o paciente que relatara abusos mais leves, por conseguinte, apresentava bem menos complicações ao longo da vida.

Para um paciente com um índice acima de 6 na escala, por exemplo, a possibilidade de já ter tentado tirar a própria vida era trinta vezes maior do que alguém com índice zero. Alguém com um índice superior a 5 tinha uma tendência quarenta e seis vezes maior de ter usado drogas injetáveis em comparação a alguém com um índice igual a zero. Um paciente com um índice 4 tinha o dobro de chances de ser um fumante em comparação a alguém com um índice inferior, sete vezes mais chances de ter problema com alcoolismo, e era duas vezes mais propenso a ter câncer e doenças cardiovasculares do que aqueles com índices inferiores.

Então, o que podemos concluir desse estudo? No início do capítulo, vimos que Sartre defendia a ideia de que nada — nenhum fator psicológico, social, econômico ou histórico — nos tira a liberdade. Mas, ao observar os resultados desse estudo, parece não restar dúvida de que muitos dos voluntários eram vítimas inquestionáveis do contexto em que nasceram e cresceram.

Afinal, quanto mais turbulenta a infância deles, mais problemática era sua vida adulta. Então, será que Sartre estava errado?

4.

A ideia de que os acontecimentos traumáticos vividos na infância são determinantes na maneira como nos sentimos e agimos ao longo da vida não é novidade. No início do século xx, o filósofo e psiquiatra austríaco Sigmund Freud já afirmava que 80% da nossa personalidade se forma, definitivamente, antes de completarmos catorze anos. E essa teoria ainda é quase aceita sem questionamentos. Mas será que isso é verdade?

A maioria de nós acredita, de maneira consciente ou não, que somos sobretudo o resultado de dois tipos de condicionamentos. Um deles tem sua origem nos fatores biológicos. A impressão que temos é de que nossos resultados, em grande parte, são diretamente proporcionais a nossa herança genética, que define características como inteligência, talento, criatividade etc. O outro tipo de condicionamento são as influências ambientais, sobretudo as experiências que vivenciamos até os catorze anos, considerado o período crítico para a formação de nossa personalidade. Acreditamos que, depois do condicionamento biológico, esse seja o fator mais importante que nos leva aos resultados que obtemos na vida.

E se olharmos para o estudo de Felitti e Anda, uma coisa fica evidente: seus resultados são inegavelmente intrigantes e precisam ser tratados com seriedade. Mas existe um vilão nesse estudo. Muitas vezes, as coisas não são tão óbvias. E as perguntas que fazemos são tão importantes como aquelas que não fazemos. Então, pense conosco: será que os fatores que causaram o impacto negativo na vida dessas pessoas foram, de fato, os abusos e os traumas em si?

Aprofundemo-nos um pouco, refletindo sobre uma questão específica. A média de idade dos pacientes quando preencheram os formulários fornecidos pelos pesquisadores era de cinquenta e sete anos. O que isso significa? Que já haviam se passado mais de quatro décadas do momento dos traumas relatados. Ou seja, eles não relataram o evento em si, mas a memória da relação que tinham, aos cinquenta e sete anos, com o evento ocorrido na infância. Em outras palavras, eles não estavam necessariamente falando dos problemas em si, mas do modo como viam esses problemas.

Esse pode até parecer um detalhe simples ou irrelevante. Mas não há nada de simples ou de irrelevante nele. Ele é um ponto cego nesse estudo, que cria sérias implicações. E elas podem mudar completamente a conclusão dos pesquisadores. Em síntese, a questão é bem mais complexa e interessante do que parece. E sua essência se fundamenta na seguinte questão: o que de fato criou os efeitos negativos na vida dessas pessoas? Será que foram os eventos traumáticos e abusivos sofridos na infância, ou a maneira como elas se relacionaram com esses eventos ao longo da vida?

Para responder a essa questão, voltemos ao conceito de Sartre. Assim como a Teoria da Mentalidade, ele diz que mais importante do que aquilo que acontece conosco é a maneira como agimos sobre o que nos acontece. Você consegue perceber a relação? Nesse caso, o problema maior com os voluntários estudados por Felitti e Anda não foi o passado distante, mas a maneira como eles se relacionaram com os acontecimentos desse passado no decorrer da existência.

Vamos testar essa ideia com um exemplo: Betto Almeida. Hoje, ele é um homem feliz, grato, entusiasmado e muito bem-sucedido. E se você lhe perguntasse se ele sofreu algum trauma ou violência na infância, ele responderia que não. "Tive a felicidade de ter uma família unida e carinhosa. Durante minha infância, nunca vi meus pais discutirem. Minha mãe trabalhava como empregada doméstica, e meu pai era motorista de caminhão. Todos se ajudavam, e eu aprendi desde cedo que o trabalho dignifica o homem", ele contou.

Esse é o modo como Betto vê sua infância. Mas qual é a realidade? Será que foi tudo assim como ele diz? Na verdade, a história da infância de Betto, bem como a de tantas outras pessoas, não é nenhum conto de fadas. Seus pais deixaram a zona rural e foram para a cidade em busca de emprego, indo morar num bairro pobre e violento de Santa Rosa, no interior do Rio Grande do Sul. Foi lá que Betto cresceu. Roubos e assassinatos na vizinhança eram normais e corriqueiros. Brigas e discussões eram frequentes.

Betto, aos quatro anos de idade, estava parado no portão da cerca que protegia a casa de seus pais quando um motorista bêbado invadiu o bairro com um caminhão desgovernado carregado de madeira. O caminhão derrubou a cerca, que caiu em cheio em cima do menino. Seu pai correu para socorrê-lo, e tirou-o praticamente de baixo das rodas do caminhão. Betto estava com a mandíbula quebrada e cortes no rosto e nos braços, que deixaram cicatrizes permanentes. E como Betto se refere a esse acidente? De forma inusitada, ele não o vê como algo negativo, mas como um milagre que o poupou da morte!

Aos cinco anos, Betto passou a frequentar um centro de assistência para crianças carentes. Aos sete, pegava uma caixa de engraxate e ia até a rodoviária engraxar sapatos. Mais tarde, passou a vender picolé, lavar carros e entregar jornais. Não havia ambiente para que se tornasse a pessoa dócil, querida e entusiasmada que ele é. Mas qual a análise que ele faz desses períodos de sua vida? "Muitos dos meus amigos se destruíam apelando para o álcool, as drogas e a violência. Vi um amigo morrer ao ser atingido na cabeça por uma pedra atirada por outro colega. Muitos foram presos, outros assassinados... De alguns, eu ficava sabendo pelas páginas policiais. Não queria ser mais um nas estatísticas... Eu queria ser gente!"

5.

No capítulo 3, vimos que existem dois fatores relativamente independentes que dão forma à vida humana. Um é o destino, e o outro são nossas escolhas. O que é o destino? Trata-se de acontecimentos e circunstâncias sobre as quais não temos controle. Eles são imprevisíveis e até mesmo improváveis. Quando Betto tinha quatro anos e estava fazendo o que crianças nessa idade fazem — brincar no quintal —, ser atingido por um caminhão desgovernado era um fato improvável e imprevisível.

Nossas escolhas, por outro lado, são o resultado da soma de nossas características mentais. Em geral, elas têm um caráter lógico e racional que prevê a realização de um objetivo provável e previsível. Se você quer ser um artista plástico e trabalhar na Rede Globo, sair do interior do Rio Grande do Sul e ir para o Rio de Janeiro, onde a emissora tem sua sede, é uma decisão lógica e racional.

E qual é a relação entre os dois? Apesar de o destino ser imposto e imutável, ele sempre oferece uma gama de opções sobre as quais temos o poder de escolha. E o que define a maneira como agimos sobre o acaso? É o nosso modo de pensar definido pela mentalidade. É ela que define como iremos agir diante do que nos acontece.

Como isso se aplica aos condicionamentos biológicos e culturais? Ambos, tanto os fatores biológicos como o contexto cultural, com todos os seus eventuais traumas e abusos, são fatores acidentais. Eles são, muitas vezes, improváveis e imprevisíveis, por isso fazem parte do que chamamos de acaso. Porém, como vimos, ele é apenas um lado da moeda. O outro é a nossa mentalidade, ou seja, a maneira como pensamos; é ela que define como iremos agir diante dos eventos que nos são impostos pelo destino.

E se isso faz sentido, então Sartre está certo. Não é o acaso — as adversidades psicológicas, econômicas, sociais e históricas — que determina nossos resultados, mas a maneira como lidamos com ele. E como a maneira como lidamos com o acaso é definida pela nossa mentalidade, é ela que define nossos resultados. Percebe a vantagem oculta nesse tipo de pensamento? Trata-se de um jeito fácil e simples de libertar-se dos pensamentos limitantes do passado, mudando sua relação com eles.

Betto Almeida, por exemplo, apesar de ter vivido uma infância traumática, cheia de eventos trágicos, obteve um impacto positivo desses eventos. Ele não se deixou afetar pelos acontecimentos negativos. Optou por olhar o lado bom, o lado positivo que existia em sua vida, até mesmo nesses eventos. Ele aprendeu que a vida é como um pacote que se recebe pelo correio. E que o mais importante não é o que vem nele, mas aquilo que fazemos com esse conteúdo. E Betto procurou fazer o máximo com o pacote que recebeu.

No entanto, as pessoas analisadas por Felitti e Anda fizeram o oposto. Elas se apegaram ao conteúdo, culpando-o pela sua situação. Por isso, criaram um círculo vicioso em torno de seus traumas, ruminando e revitalizando-os, e foram afetadas de uma forma muito mais incisiva por eles. Todos nós, em algum momento, sofremos eventos traumáticos e abusos, e até mesmo somos expostos à violência. Esse é um contexto quase inevitável, e ele não pode servir para justificar nossos fracassos na vida.

Em outras palavras, o que afirmamos é que os resultados constatados por Felitti e Anda não são consequência direta dos abusos sofridos pelos participantes, mas da relação mental deles com esses abusos ao longo da vida. Cada trauma, abuso ou condicionamento que sofremos na infância se torna um demônio que passa a habitar nossa mente. A vida adulta passa a ser uma luta diária com esses demônios. Se não os isolarmos e exercermos controle sobre eles, estes passarão a nos controlar e a comandar nossas ações. Nesse caso, e somente nesse caso, nós nos tornamos, de fato, vítimas do nosso condicionamento psicológico da infância.

6.

Em 2011, Zac Lemberg, o motorista da empresa para a qual eu trabalhava em Nova York, reclamava com insistência que as placas de sinalização da cidade eram muito pequenas e opacas. Zac dizia que mal conseguia ver o nome da pista ou o sentido que elas indicavam. Toda vez que eu saía com ele, ouvia essa mesma reclamação.

Eu achava aquilo muito estranho, pois via as placas e seu conteúdo clara e nitidamente. Sua iluminação, posição e tamanho pareciam adequados. Certo dia, ocorreu-me que talvez Zac estivesse com um problema de visão. A questão não parecia estar nas placas. Com o tempo, cada vez mais fui me convencendo disso.

Numa manhã chuvosa, após ouvir a mesma reclamação de sempre, não resisti e perguntei: "Zac, quando foi a última vez que você visitou um oftalmologista?". Ele não respondeu. Simplesmente se justificou dizendo que não havia nada errado com sua visão. "O problema", ele insistiu, "é o tamanho das placas."

Semanas depois, no entanto, Zac apareceu usando óculos. Perguntei-lhe o que havia acontecido, e ele me explicou que teve que renovar sua carteira de motorista e fora reprovado no exame oftalmológico. Por fim, ele parou de reclamar. Com um par de lentes adequadas diante dos olhos, as placas de sinalização deixaram de ser um problema. Hoje, Zac consegue ver o que elas indicam sem dificuldade. As placas continuam as mesmas, mas o desempenho no trabalho e na vida dele mudou significativamente.

Por que é tão comum cair nesse tipo de engano causado por uma mentalidade equivocada? Um importante fator a levar em conta é que nossos erros nem sempre são tão óbvios. Uma das armadilhas de uma mentalidade equivocada é que ela nos faz acreditar que tudo sairá bem, mesmo quando, na verdade, estamos num círculo vicioso em que essa mentalidade, aos poucos, vai corroendo a estrutura que nos sustenta.

Se Zac Lemberg tivesse, certa noite, adormecido com a visão perfeita e, na manhã seguinte, acordado com problemas, na certa teria percebido a diferença e consultado um oftalmologista. Ele teria um ponto de referência para medir a mudança na qualidade de sua visão. Mas como essa deficiência foi um processo que surgiu aos poucos, ele não foi capaz de detectá-la. Por isso, foi facilmente convencido — na verdade, "enganado" — de que a deficiência não existia.

O mesmo acontece conosco, o tempo todo, e ocorreu também com os participantes do estudo de Felitti e Anda. Como não eram capazes de compreender que seus problemas tinham sido causados por sua relação com os traumas da infância, eles continuaram, a cada fracasso, culpando sua infância pelos resultados negativos, reforçando, dessa forma, sua relação negativa com esses acontecimentos.

É preciso fazer um esforço consciente para sair desse círculo vicioso. Se não criarmos mecanismos de avaliação para analisar os resultados das escolhas automáticas produzidas pela nossa mentalidade predominante, dificilmente teremos condições de descobrir se essas escolhas nos levarão ou não ao objetivo proposto. Por consequência, não teremos como promover a mudança. É preciso monitorar nossas ações e escolhas com um planejamento adequado. Esse planejamento, quando monitorado, servirá de referência para avaliar se as escolhas estão nos levando para onde queremos chegar ou não. Essa referência evitará que sejamos iludidos pela mentalidade que se instala aos poucos, e que nos afasta da autenticidade.

Isso também vale para a nossa saúde, nossas emoções, nossa carreira, nossa família e nossos negócios. Em todos esses aspectos da nossa vida, costuma ocorrer algo importante que muitas vezes não conseguimos perceber. Em geral, os problemas começam a se desenvolver muito antes de seus resultados se manifestarem abertamente. Assim como ocorre com uma doença — no início, o diagnóstico é difícil e a cura, fácil; mas em estágios mais avançados, o diagnóstico é fácil, e a cura, difícil —, a princípio, nossos problemas são difíceis de detectar, mas fáceis de corrigir. Porém, em estágios mais avançados, são fáceis de detectar e difíceis de corrigir.

Ou seja, é muito improvável que um único evento nos leve a fracassar nos negócios e na vida. Tampouco é uma briga isolada que acaba com o casamento, afeta nossa estrutura familiar ou transforma nossa existência num caos de frustração e estresse. Os grandes problemas que enfrentamos são consequência da mentalidade que adquirimos ou desenvolvemos aos poucos. Essa mentalidade, em geral, se estabelece no decorrer de longos períodos, e, por isso, é raramente questionada, confrontada ou substituída. Uma vez aceita, ela se torna uma cultura para nós, que se baseia numa forma específica de pensar e agir, criando vícios estruturais difíceis de detectar e modificar.

Pessoas, famílias, empresas e comunidades são muito similares no que diz respeito a hábitos, costumes e mentalidades que determinam uma cultura. Mesmo sem nunca ter ido à Alemanha, decerto você conhece alguns costumes dos alemães. Assim como também sabe coisas sobre a cultura dos franceses, dos americanos e dos japoneses. Esses costumes são elementos resultantes de uma maneira de pensar. Se olharmos para o Brasil, também iremos notar essas diferenças de Estado para Estado e de região para região.

Vamos ver como isso funciona num exemplo prático: futebol e Carnaval. Embora sejam considerados parte da cultura do Brasil, na verdade, essas duas atividades são a manifestação de uma mentalidade de parte do povo brasileiro. Se eliminássemos essa mentalidade dessas pessoas, a cultura também se extinguiria. Isso, entretanto, dificilmente acontecerá. Por quê? Porque, se acontecesse, o país perderia importantes aspectos culturais que, num certo sentido, formam parte da identidade do povo brasileiro. Por isso, há um esforço constante, e quase involuntário, de manter essa mentalidade, e, assim, manter nossa identidade.

Partindo desse ponto de vista, podemos afirmar que cultura é um conjunto de mentalidades que seguimos com tanta frequência que não nos damos conta de que existem outras formas de pensar e agir. Uma vez que uma mentalidade se estabelece, nós nos identificamos automaticamente com ela, como que por instinto. Sempre que criamos uma mentalidade, ela passa a nos dominar. Passamos a *ser* essa mentalidade. Passamos a agir de acordo com ela. Passamos a justificá-la, a defendê-la. Por isso, raramente nos libertamos dela.

Pense, por exemplo, em alguém que costuma ser um mau pagador, ou alguém que tem o hábito de gastar mais do que ganha. Se você investigar a vida dele, constatará que seu histórico é marcado por esse tipo de comportamento; é quase certo, com raras exceções, que aquele que desenvolve uma mentalidade de mau pagador se comportará desse modo sistematicamente ao longo da vida. Contudo, pessoas assim muitas vezes agem como se não soubessem que têm esse problema.

Por que isso acontece? A pessoa nasceu com um gene de mau pagador? É claro que não. Se você conversasse com ela e perguntasse o motivo de ser uma má pagadora, ela não saberia o que dizer. Talvez dissesse que ganha pouco, que é um problema psicológico herdado da infância, ou mesmo negasse o problema. Mas nenhum desses argumentos é uma explicação satisfatória. Na verdade, ela desenvolveu uma mentalidade de má pagadora, e hoje é vítima dessa mentalidade sem mesmo sabê-lo. Sem dúvida ela reconhece as consequências do seu comportamento, mas não consegue percebê-lo como resultado da sua prática comportamental diária.

Se você analisar a origem dessas questões, verá que, em algum momento, a situação apareceu pela primeira vez. Houve a dúvida sobre como lidar com ela, sobre qual caminho seguir. A pessoa tomou uma decisão impensada sobre o que fazer. Mais tarde, quando o mesmo problema ou situação tornou a surgir, a tendência natural foi seguir o caminho percorrido da primeira vez, independentemente dos resultados negativos atingidos. Cada vez que fazemos uma escolha ou tomamos uma decisão, não estamos apenas agindo sobre uma situação temporária. Na verdade, estamos criando uma mentalidade que caracterizará nossa cultura, que é a fonte de criação dos vícios estruturais. Uma mentalidade não se forma de um dia para o outro. Ela é o resultado da repetição de um mesmo pensamento, e da mesma ação, durante anos.

Considere a atitude de um criminoso, por exemplo. Como alguém se torna uma pessoa cruel e impiedosa? Muitos psicólogos afirmam que, quando alguém comete seu primeiro crime, fica aterrorizado. Se ele repetir o crime, irá se acostumar com a prática. Se, porém, ele cometer o crime várias vezes, acabará criando a banalização do crime. Ou seja: ele criará uma mentalidade que passará a dominar as escolhas sobre suas ações. O que antes lhe era estranho agora se tornou uma atitude natural, e até mesmo necessária, porque faz parte da cultura que lhe dá uma identidade, mesmo que seja a identidade de um assassino cruel e impiedoso.

Por isso, não basta ter ciência de que você é único, que possui talentos e aptidões próprias. Você tem de desenvolver uma mentalidade, uma cultura em sua vida que valorize e explore esses talentos e essas aptidões.

7.

Por que é tão raro valorizarmos nossa singularidade? Para responder a essa questão, voltemos ao estudo feito por Felitti e Anda. Ele foi uma extensa análise de como os traumas e abusos sofridos na infância nos afetam. Essa análise mostrou que pessoas que tiveram uma infância marcada por dramas, traumas, abusos e violência, como pais se divorciando ou envolvidos com alcoolismo, crises e depressão, tiveram uma vida bem mais turbulenta do que as demais.

Contudo, vimos que existe outra maneira de analisar os resultados dessa pesquisa: pela forma como lidamos mentalmente com os eventos vividos na nossa infância. Podemos dizer que temos duas escolhas: olhar para esses traumas, dramas e abusos e usá-los como âncora para justificar nossos problemas, sofrimentos, fracassos e derrotas; ou, como vimos na história de Betto Almeida, focar nos bons momentos da infância para alimentar nosso espírito e utilizar os momentos ruins como exemplos negativos a não serem seguidos.

Mas por que é tão difícil seguir o segundo modelo? Porque, antes de formarmos uma cultura pessoal, já estamos imersos numa cultura coletiva. A cultura coletiva — formada pela sociedade onde nascemos, crescemos e vivemos —, assim como a cultura pessoal, possui seu próprio conjunto de mentalidades, e elas tendem a se impor sobre nós. Não existe ser humano que não seja impactado ou modificado na sua construção pessoal pelo ambiente em que vive. No que se refere à questão da singularidade, a cultura estabelecida é a de que é mais seguro seguir o som do tambor das massas em vez de o nosso próprio tambor. Mas o problema é que quem segue as massas quase sempre acaba perdido no meio dessa massa.

Por exemplo: muito antes de alguém lhe dizer que você tem poder de escolha, que não existe uma configuração fixa e imutável na sua mente, você aprende que 80% da sua personalidade é definida antes dos catorze anos. Assim, nas primeiras experiências malsucedidas, que são inevitáveis, você procura eventos da sua infância para justificar seus problemas, em vez de observar maneiras de superá-los.

Veja a coragem e o empenho de Betto Almeida para seguir seu sonho de viver de seu talento: a pintura. Você lembra o que as pessoas falaram para ele e para a namorada dele? Disseram que eles iriam passar fome. O normal, para a mentalidade coletiva, seria que ele continuasse trabalhando no frigorífico da sua cidade natal. Afinal, aos olhos coletivos, quem era ele para sonhar com uma carreira artística no Rio de Janeiro?

Focar nossa carreira em fatores externos, como salário, status e segurança, por exemplo, é uma característica da cultura coletiva. Seguir os desejos mais intensos do nosso coração, muitas vezes, vai contra a cultura coletiva. Se você quiser fazer o que gosta e desenvolver seu talento, terá que romper com a cultura coletiva. Essa cultura tem seu próprio processo automático de pensar. Você não pode permitir-se cair no processo automático do pensamento coletivo — precisa questionar esse processo e fazer suas próprias escolhas de forma deliberada, fora dele. Se você não estabelecer, voluntariamente, uma mentalidade própria, valorizando sua singularidade, investindo recursos para criar métodos que a desenvolvam, a mentalidade coletiva irá se impor e definir seus hábitos e costumes. Ela lhe dirá qual é a regra geral a ser seguida. Mas você não pode seguir a regra geral se quiser encontrar um sentido singular para sua vida.

Vejamos de novo o exemplo de Betto Almeida. Aos olhos dele, não importava o que a cultura coletiva dizia; ele impôs o próprio desejo e seguiu o próprio caminho, rompendo com o coletivo. Você tem de fazer suas próprias escolhas. Cada escolha que você fizer o levará a reforçar a mentalidade estabelecida deliberadamente ou o afastará dela. Por isso, você precisa ser consistente com suas prioridades. Tenha sempre presente que, de uma ou de outra forma, uma mentalidade irá se instaurar. A única questão é como, ou quanto, você irá influenciá-la de modo controlado.

AGRADECIMENTOS

Este livro surgiu de uma convivência de vinte anos em que a pauta quase sempre foi em torno da mesma questão: o que é preciso para viver uma vida rica, cheia de sentido e que, no final, nos dê um senso de missão cumprida? Foram incontáveis horas de discussão, análise, pesquisa teórica e prática, e de experiências e treinamentos envolvendo pessoas e circunstâncias reais do nosso dia a dia. Durante esse período, inúmeras pessoas deram valorosas contribuições que enriqueceram em muito nossa pesquisa e debate. Todas as pessoas que cruzaram nosso caminho nesse longo período foram muito importantes, e devemos a elas muito mais gratidão do que poderíamos expressar.

Além disso, queremos agradecer a Marco Antonio da Silva, que emprestou seu grande profissionalismo para fazer os gráficos. Francesco Giovanni, que também emprestou seu talento para fazer algumas ilustrações especiais que enriqueceram o livro. Paulo Ricardo Barbosa e Catarina Fürst foram fundamentais na análise do esboço inicial, apontando as diretrizes que a obra deveria tomar. Everton Maciel, como sempre, acompanhou a construção do texto do início ao fim, e, com sua perspicácia, conhecimento e inteligência, fez com que o resultado fosse muito melhor.

Uma pessoa, acima de tudo, é o responsável pela viabilização e conclusão desse projeto, e, por isso, merece nossa mais profunda gratidão: o *publisher* Pedro Almeida. A ele, assim como à equipe da Faro Editorial, também devemos bem mais do que é possível expressar em palavras. Da mesma forma, devemos muito a Susana, Daniele e Taínes, o valoroso time da *Human Plan*, bem como ao Dr. Luiz Carlos Bauken, pela sua rica contribuição na reta final do projeto.

Nossa gratidão também às nossas famílias. Por parte do Valdir, os agradecimentos à sua companheira e esposa Vânia Maria, e às filhas Raquel, Graziela, Gisele, Patrícia, Gabriela e Rafaela pelo carinho e incentivo. Da parte do Jacob, os agradecimentos a sua esposa Fabiana, e aos seus pais Maria e Eugênio, que, segundo ele, foram seus primeiros modelos de singularidade. E por último, mas não menos importante, queremos agradecer a você, leitor, que é a razão maior deste trabalho. É na sua satisfação e felicidade que reside a nossa.

NOTAS

INTRODUÇÃO

O nascimento, crescimento e consolidação da Netflix, assim como sua batalha contra sua principal concorrente, a Blockbuster, foi contada pela jornalista americana Gina Keating no seu livro *Netflixed: The Epic Battle for America's Eyeballs*, lançado nos Estados Unidos em outubro de 2012.

A crise na Blockbuster foi analisada no artigo "Blockbuster a comedy of errors; new CEO outlines latest plan to shore up movie-rental giant", de Thomson Gale, publicado em novembro de 2007 na *Winnipeg Free Press*.

A experiência com o "gorila invisível" foi contada e amplamente analisada no livro *The invisible gorilla: how our intuitions deceive us*, de Christopher Chabris e Daniel Simons, edição de junho de 2011, lançado pela *Three Rivers Press*.

CAPÍTULO 1

As passagens da história de Sara Blakely citadas no livro foram extraídas da entrevista que ela concedeu a Lewis Howes.

Para saber mais sobre a teoria das inteligências múltiplas, leia o livro *Estruturas da Mente*, de Howard Gardner.

CAPÍTULO 2

A experiência de Martin Seligman com o princípio conhecido como impotência induzida foi originalmente divulgada com o título de "Learned Helplessness", no *Annual Review of Medicine*, Vol. 23: 407-412, edição de fevereiro de 1972.

CAPÍTULO 3

A biografia de Mary Kay Ash é contada no seu livro biográfico chamado *Mary Kay*. Também serviram como base de análise e estudo os demais livros escritos por ela, principalmente *The Mary Kay Way*, assim como documentários e artigos acadêmicos sobre a empresa e sua fundadora.

A citação de Daniel Kanheman, sobre o papel da sorte nas empresas, foi extraída do seu livro *Rápido e devagar, publicado pela Editora Objetiva*. Ver p. 259.

A história de Michael Jordan foi contada no documentário *Michael Jordan: Come Fly with Me*, de onde foram extraídas as citações. O livro autobiográfico de Jordan, *Nunca deixe de tentar*, também serviu de fonte para sua história.

O estudo de Carol Dweck está em *Mindset — a nova psicologia do sucesso*, publicado no Brasil pela Editora Objetiva, p. 25.

CAPÍTULO 4

A história de Nick Leeson, sua carreira e como ele quebrou o Barings Bank foi extraída do seu livro de memórias chamado *Rogue Trader: How I Brought Down Barings Bank and Shook the Financial World*. O documentário inglês de Adam Curtis chamado *25 Million Pounds* também trata do tema.

Os dois sistemas de pensamento são amplamente conhecidos no campo da psicologia cognitiva. O estudo pioneiro e mais completo foi desenvolvido por Keith E. Stanovich, e pode ser encontrado no seu livro *Rationality & the Reflective Mind*, lançado em 2011 pela Oxford University Press.

Os dois estudos de Dan Ariely estão no seu livro *Previsivelmente Irracional*, p. 3-4, publicado no Brasil pela Editora Campus.

CAPÍTULO 5

Apesar de seu extraordinário reconhecimento no meio empresarial americano, Nolan Archibald é uma pessoa bastante reservada.

Sua história usada neste livro foi resultado de pesquisa em artigos de jornal e de revistas. As citações são de reportagem de Johan Huey e Sandra L. Kirsch, publicada na *Revista Fortune*, no dia 2 de janeiro de 1989.

A experiência de Curt Richter foi a princípio publicada em 1922, no suplemento *Comparative Psychology Monographs*, com o título "A Behavioristic Study of the Activity of the Rat". Em agosto de 2000, Timothy H. Moran e Jay Schulkin retomaram o estudo numa exaustiva análise sobre o tema, publicada no *American Journal of Physiology*, chamado "Curt Richter And Regulatory Physiology".

Os detalhes da história do rapper americano Jay-Z estão na sua biografia não autorizada, chamada *Empire State of Mind: How Jay-Z Went from Street Corner to Corner Office*, de Zack O'Malley Greenburg e Steve Forbes. O livro foi lançado nos Estados Unidos em junho de 2012.

Anne Scheiber foi pauta de uma reportagem de Frank Lalli, publicada no dia 1º de janeiro de 1996, na Revista *Money*. Na reportagem, chamada "How She Turned $ 5.000 into $ 22 Million", Frank Lalli conta a história de Anne e de como ela conseguiu acumular essa fortuna.

CAPÍTULO 6

A história de William Bratton foi contada no seu livro *The Turnaround: How America's Top Cop Reversed the Crime Epidemic*, lançado em 1998, pela *Random House*.

O estudo de Megan Oaten e Ken Cheng foi publicado em 2006 no *Journal of Health Psychology*, sob o título "Longitudinal Gains in Self-Regulation from Regular Physical Exercise".

Para uma compreensão mais ampla da história da Curves, leia os livros *Curves* e *Curves Member Guide*, ambos de Gary Heavin.

CAPÍTULO 7

A história da boneca Barbie e de como Ruth Handler teve a ideia está no livro *Barbie and Ruth: The Story of the World's Most Famous Doll and the Woman Who Created Her*, de Robin Gerber.

A experiência com os seminaristas do Instituto de Teologia de Princeton foi publicada em 1973, com o título "From Jerusalem to Jericho: A study of situational and dispositional variables in helping behavior", por John M. Darley e Daniel Batson, no *Journal of Personality and Social Psychology*.

Os detalhes de como Nicolas Hayek venceu a guerra contra a invasão do relógio japonês está no livro *Mister Swatch: Nicolas Hayek and the Secret of His Success*, de Jurg Wegelin.

CAPÍTULO 8

John Kotter escreveu mais de uma dezena de livros altamente recomendáveis nos quais trata sobre liderança. Neles aprofunda conceitos como liderar com o coração e o papel que a urgência e a complacência têm na liderança. Para compreender o pensamento de Kotter, recomendamos três livros, todos já traduzidos para o português: *Liderando Mudanças* (Editora Elsevier), *Nosso Iceberg Está Derretendo* e *Sentido de Urgência* (ambos pela Editora Best Seller).

Vários livros contam a história de Soichiro Honda, o fundador da Honda Motor Company. Basicamente, nos baseamos em três livros para estudar a mentalidade de Soichiro: *Honda: The boy who dreamed of cars*, de Mark Weston e Katie Yamasaki; *Honda Motor: The men, the Management, the Machines*, escrito por Tetsuo Sakiya; e *Honda: the man and his machines*, por Sol W. Sanders.

Os dados, história e citações de Christopher Langan foram extraídos do documentário *Chris Langan: The Smartest Man In The World*, de Erron Morris, levado ao ar no programa *First Person*, da MGM.

Dan Ariely fala sobre seu experimento com os legos no livro *Positivamente Irracional*, publicado no Brasil pela Editora Campus, p. 56-61.

O estudo de Howard Leventhal, Robert Singer e Susan Jones com os estudantes de Yale sobre a vacina contra o tétano está num artigo publicado no *Journal of Personality and Social Psychology*, vol. 2, edição de julho de 1965, chamado "Effects of fear and specificity of recommendation upon attitudes and behavior".

CAPÍTULO 9

Howard Schultz, presidente e CEO da rede de cafeterias Starbucks, escreveu três livros: *Pour Your Heart Into It*, *It's Not About The Coffee* e *Onward*. A história de Schultz e da Starbucks foi extraída desses livros. As citações, porém, são todas do livro *Onward*, o mais recente.

Os estudos de Sheina Orbell e Paschal Sheeran sobre a recuperação das pessoas idosas após a cirurgia de articulação foram divulgados no *European Journal Of Social Psychology*, nos vols. 29 e 30, publicados em 2000. O artigo principal, com o resultado dos estudos, se chama "Self-schemas and the theory of planned behaviour".

A teoria sobre motivação, mais especificamente as dos autores citados no livro, é bastante conhecida nos meios acadêmicos e até mesmo do público em geral. A teoria dos dois sistemas de Frederick Herzberg está no livro *The Motivation to Work*, lançado originalmente em 1993.

CAPÍTULO 10

O Alquimista, de Paulo Coelho, foi lançado no Brasil, em 1988, pela Editora Planeta. O livro *História Universal da Infâmia*, de Jorge Luis Borges, que contém o conto "Os dois que sonharam", foi publicado no Brasil pela Editora Globo, em 2001. Há várias versões de *As Mil e Uma Noites* no Brasil.

A pesquisa sobre o incremento da criatividade através do aprendizado de técnicas foi realizada por Jacob Goldenberg, David Mazursky e Sorin Solomon, em 1999, e publicada na revista *Marketing Science 18*, sob o título "The Fundamental Templates of Quality Ads".

O estudo de Michael Robison e Darya Zabelina, realizado na Universidade de Dakota do Norte, foi extraído do artigo "Child's Play: Facilitating the Originality of Creative Output by Priming Manipulation", publicado em *Psychology of Aesthetics, Creativity and Arts*, em abril de 2010, p. 57-65.

Os resultados da experiência de Allan Snyder, assim como os métodos utilizados para realizá-la, foram publicados em 2009, no suplemento *Philosophical Transactions of the Royal Society*, número 364, p. 1399-1405, com o título "Explaining and Inducing Savant Skills: Privileged Access to Lower Level, Less processed Information".

CAPÍTULO 11

Zack O'Malley Greenburg conta a história de Scooter Braun e Justin Bieber numa reportagem da *Revista Forbes*, chamada "Justin Bieber, Venture Capitalist", p. 68-72, da edição de 4 de junho de 2012.

Para saber mais sobre Joseph Cullman e a história da Philip Morris, veja o livro *I'm A Lucky Guy*, lançado em 1998.

Para ler o discurso de Michael Lewis proferido na Universidade Princeton no dia 3 de junho de 2012, citado no livro, acesse www.princeton.edu e busque por *Don't Eat Fortune's Cookie — Michael Lewis*.

A espantosa biografia de Casanova está em *History of My Life*, de Giacomo Casanova, com tradução para o inglês de Williard R. Trask, relançado em fevereiro de 2007, pela Everyman's Library.

Outro excelente estudo sobre o papel que a sorte desempenha na vida das empresas está no livro *Vencedoras por opção*, de Jim Collins e Morten T. Hansen.

CAPÍTULO 12

Os resultados do estudo de Vicent Felitti e Robert Anda, chamado originalmente de "The relationship of adult health status to childhood abuse and household dysfunction", foi publicado em 1998 no *American Journal of Preventive Medicine*.

A história de Betto Almeida foi contada pelo próprio Betto em entrevista concedida para Jacob Petry.

A VERSÃO MODERNA DE *A LEI DO TRIUNFO*

"Tão logo você domine os princípios desta filosofia e comece a seguir as instruções para aplicá-los, a sua posição financeira vai melhorar, e tudo o que tocar se transformará em mais um recurso para o seu benefício."

– NAPOLEON HILL

AS 16 LEIS DO SUCESSO é um curso prático que reúne as 16 poderosas lições que são as bases de toda filosofia de Napoleon Hill, o maior gênio na área da realização pessoal e psicologia aplicada de todos os tempos.

Incontáveis milionários, líderes e grandes personalidades do mundo inteiro atribuem seu sucesso à aplicação prática dos princípios elaborados por Hill.

Agora, pela primeira vez na história, o conhecimento e a sabedoria de Hill foram condensados por um dos maiores estudiosos de sua obra com o propósito de oferecer um passo a passo simples, objetivo e prático de suas lições. Um legado que se mantém tão importante e atual nos dias de hoje quanto na época de sua publicação, conforme pode ser observado em algumas de suas máximas:

- Quem não tem um propósito de vida dissipa suas energias, dispersa seus pensamentos e jamais chegará ao triunfo.

- A riqueza, quando chega, vem tão rapidamente e com tal abundância que nos perguntamos onde se escondia durante os tempos difíceis.

- Sem o poder para transformá-los em ação, os planos de nada servem.

- Quem não vê grandes riquezas na imaginação jamais as verá em sua conta bancária.

PODER

& MANIPULAÇÃO

Por séculos, pessoas de prestígio e sucesso profissional debruçaram-se sobre um dos livros mais influentes de todos os tempos, *O Príncipe*, de Maquiavel, em busca de estratégias para alcançar sucesso e poder.

Napoleão Bonaparte, Winston Churchill, Franklin Roosevelt, Tony Blair, entre centenas de outras personagens do nosso mundo, assumiram publicamente o valor da obra e sua prática, ao afirmar seu valor como um manual para se posicionar adequadamente no jogo do poder.

Nesta edição, fruto de um trabalho único na história, os ensinamentos de Maquiavel tornam-se mais adaptados ao mundo moderno.

Poder & Manipulação não é simplesmente uma nova tradução, mas uma edição crítica da obra original, tal como ela estivesse sendo publicada agora, pela primeira vez, com os temas relevantes ao mundo de hoje. E vai além: inclui uma análise objetiva das vinte estratégias mais importantes do clássico.

Ao compreender essas lições, o leitor estará mais bem preparado para se defender de pessoas manipuladoras e de posse de ferramentas para agir com mais segurança, ousadia e astúcia diante da vida.

UM LIVRO QUE EXPLICA COMO AS PESSOAS AGEM PARA ALCANÇAR E MANTER PODER, PRESTÍGIO E RIQUEZA.